Computação, Comércio Eletrônico e Prestação de Serviços Digitais

Computação, Comércio Eletrônico e Prestação de Serviços Digitais

SUA TRIBUTAÇÃO PELO ICMS E ISS

2017

Alice Marinho Corrêa da Silva
Mariana Quintanilha de Almeida
Vitor Teixeira Pereira Martins

**COMPUTAÇÃO, COMÉRCIO ELETRÔNICO
E PRESTAÇÃO DE SERVIÇOS DIGITAIS**
SUA TRIBUTAÇÃO PELO ICMS E ISS
© Almedina, 2017

AUTORES: Alice Marinho Corrêa da Silva, Mariana Quintanilha de Almeida, Vitor Teixeira
DIAGRAMAÇÃO: Almedina
DESIGN DE CAPA: FBA
ISBN: 978-858-49-3252-8

Dados Internacionais de Catalogação na Publicação (CIP)
(Câmara Brasileira do Livro, SP, Brasil)

Silva, Alice Marinho Corrêa da
Computação, comércio eletrônico e prestação de
serviços digitais : sua tributação pelo ICMS e ISS /
Alice Marinho Corrêa da Silva, Mariana Quintanilha de
Almeida, Vitor Teixeira Pereira Martins. –
São Paulo : Almedina, 2017.

Bibliografia
ISBN 978-85-8493-252-8

1. Comércio eletrônico - Tributação 2. Direito
tributário 3. Direito tributário - Brasil
4. Impostos - Brasil I. Almeida, Mariana Quintanilha
de. II. Martins, Vitor Teixeira Pereira. III. Título.

17-10125   CDU-34:336.2:380.10

Índices para catálogo sistemático:
1. Comércio eletrônico : Tributação : Direito tributário 34:336.2:380.10
2. Tributação : Comércio eletrônico : Direito tributário 34:336.2:380.10

Este livro segue as regras do novo Acordo Ortográfico da Língua Portuguesa (1990).

Todos os direitos reservados. Nenhuma parte deste livro, protegido por copyright, pode ser reproduzida, armazenada ou transmitida de alguma forma ou por algum meio, seja eletrônico ou mecânico, inclusive fotocópia, gravação ou qualquer sistema de armazenagem de informações, sem a permissão expressa e por escrito da editora.

Novembro, 2017

EDITORA: Almedina Brasil
Rua José Maria Lisboa, 860, Conj.131 e 132, CEP: 01423-001 São Paulo | Brasil
editora@almedina.com.br
www.almedina.com.br

PREFÁCIO

A presente obra é singular por vários motivos.

Primeiro, por ser uma das poucas obras da já extensa Coleção Insper Almedina – resultado da exitosa parceria existente entre a afamada editora portuguesa, hoje presente no Brasil, e a renomada instituição de ensino superior brasileira – a tratar daquilo que no meio tributário ainda se qualifica por "tributação indireta".

Segundo, pela atualidade do tema, ao tratar de tributação de nova tecnologia: bens digitais, *softwares*, computação em nuvem, de *streamings*, coisas de que se pouco ou nada falava há alguns anos atrás.

Terceiro, por não ser obra de lavra de um único autor, mas sim resultado do esforço acadêmico de três jovens e promissores autores, como parte dos requisitos para a obtenção do grau de especialistas em Direito Tributário, junto ao Insper.

Quarto, porque apesar da autoria diversa, existe uma relação de continuidade e de complementaridade – entre os textos que compõem a obra, integrando-os e complementando-os, tal como se fossem capítulos de um livro de autoria singular.

Assim, o "primeiro capítulo" deste livro, de autoria de Alice Marinho Corrêa da Silva, **Aspectos Relevantes da Tributação de Bens Digitais**, nos mostra a evolução da Internet, do comércio eletrônico e dos produtos por este oferecido, analisando também os princípios e a legislação tributários em vigor no país, destacando os principais conflitos enfrentados atualmente com relação aos impostos incidentes sobre os bens digitais, analisando, por fim, as discussões no âmbito internacional quanto à tributação desses.

Já Mariana Quintanilha de Almeida nos brinda como "segundo capítulo" da obra, **A Tributação da Computação em Nuvem e em *Streaming* à Luz da Legislação do ISS e do ICMS**, no qual discorre sobre a possibilidade – ou não –, à luz da legislação atualmente vigente, da tributação dessas operações pelo ICMS ou pelo ISS.

Vitor Teixeira Pereira Martins é o autor do "capítulo final", **Tributação de Softwares no Brasil: Incidência do ISS e do ICMS Sobre Transações Locais.** Segundo ele, "(...), a definição de software passou a sofrer interpretações diversas, uma vez que nem todos os arquivos eletrônicos são considerados programa de computador, bem como não são capazes de realizar funcionamento específico em uma máquina ou equipamento, como, por exemplo, músicas ou vídeos. Desde então, surgiram correntes que defendem a incidência do ISS sobre os programas de computadores bem como outras correntes que defendem a incidência do ICMS".

Diante de assuntos tão relevantes e atuais, resta-me a certeza de que a presente obra será de interesse não só daqueles que militam na área tributária, como também daqueles que tem nessas novas tecnologias o centro de sua atenção.

São Paulo, outubro de 2017

Régis Fernando de Ribeiro Braga
Professor Orientador – LL.M em Direito Tributário
Insper – Instituto de Ensino e Pesquisa
São Paulo, SP

ABREVIATURAS E SIGLAS

ADCT	–	Ato das Disposições Constitucionais Transitórias
ADIN	–	Ação direta de inconstitucionalidade
AG	–	Agravo de Instrumento
AGRG	–	Agravo Regimental
ARPANET	–	Advanced Research Projects Agency Network
B2B	–	business-to-business
B2C	–	business-to-consumer
BEPS	–	Base Erosion and Profit Shifting
CC	–	Código Civil
CF	–	Constituição Federal
CFC	–	Controlled Foreign Company Rules
CNPq	–	Conselho Nacional de Desenvolvimento Científico e Tecnológico
CONFAZ	–	Conselho Nacional de Política Fazendária
COSIT	–	Coordenação-Geral de Tributação da Receita Federal
CTN	–	Código Tributário Nacional
FAPESP	–	Fundação de Amparo à Pesquisa do Estado de São Paulo
Fermilab	–	National Accelerator Laboratory
HTTPS	–	HyperText Transfer Protocol Security
ICMS	–	Imposto sobre Operações relativas à Circulação de Mercadorias e sobre Prestações de Serviços de Transporte Interestadual, Intermunicipal e de Comunicação
ICT	–	Information and Communication Technology
IP	–	Internet Protocol
ISS	–	Imposto sobre Serviço
LC	–	Lei Complementar
LNCC	–	Laboratório Nacional de Computação Científica
MIT	–	Instituto Tecnológico de Massachussets
OCDE	–	Organização para Cooperação e Desenvolvimento Econômico
PMDB	–	Partido do Movimento Democrático Brasileiro
RE	–	Recurso Extraordinário

REsp	–	Recurso Especial
RFB	–	Receita Federal do Brasil
RICMS	–	Regulamento do ICMS do Estado de São Paulo
RNP	–	Rede Nacional de Pesquisa
STF	–	Supremo Tribunal Federal
STJ	–	Superior Tribunal de Justiça
TIT	–	Tribunal de Impostos e Taxas da Secretaria da Fazenda do Estado de São Paulo
WWW	–	World Wide Web

LISTA DE ILUSTRAÇÕES

Tabela 1 – América do Sul – Usuários da Internet e Estatísticas (2017)   18

Tabela 2 – Formas de preenchimento: Declaração de Imposto de Renda   20

SUMÁRIO

ASPECTOS RELEVANTES DA TRIBUTAÇÃO DE BENS DIGITAIS

INTRODUÇÃO	15

1. A INTERNET, O COMÉRCIO ELETRÔNICO E OS BENS DIGITAIS — 17

1.1. A Internet: conceito e evolução histórica — 17
1.2. A Internet no Brasil — 18
1.3. O comércio eletrônico — 20
1.4. Os bens digitais — 24
1.5. Regime jurídico aplicável aos bens digitais — 26

2. ASPECTOS TRIBUTÁRIOS RELACIONADOS AOS BENS DIGITAIS — 29

2.1. Problematização da classificação de bens digitais na esfera tributária — 29
2.2. O ICMS na tributação dos bens digitais — 30
2.3. O ISS na tributação dos bens digitais — 36
2.4. Considerações para solução do conflito "ICMS x ISS" na tributação de bens digitais — 39

3. FERRAMENTAS PARA RESOLUÇÃO DE CONFLITOS INTERNACIONAIS NA TRIBUTAÇÃO DE BENS DIGITAIS: AÇÃO 1 DO BEPS — 41

3.1. Evolução da discussão sobre a tributação do comércio eletrônico no âmbito internacional — 41
3.2. Conceituação do BEPS — 44
3.3. Ação 1 do BEPS: Desafios tributários na economia digital — 47
3.4. Impactos da Ação 1 do BEPS no Brasil — 51

CONCLUSÃO	53
REFERÊNCIAS	55

COMPUTAÇÃO, COMÉRCIO ELETRÔNICO E PRESTAÇÃO DE SERVIÇOS DIGITAIS

A TRIBUTAÇÃO DE COMPUTAÇÃO EM NUVEM E STREAMING À LUZ DA LEGISLAÇÃO DO IMPOSTO SOBRE SERVIÇOS E DO IMPOSTO SOBRE CIRCULAÇÃO DE MERCADORIAS E PRESTAÇÃO DE SERVIÇOS DE TRANSPORTE INTERESTADUAL E INTERMUNICIPAL E SERVIÇOS DE COMUNICAÇÃO

INTRODUÇÃO	57
1. DO DIREITO DAS TELECOMUNICAÇÕES	60
2. ICMS – CRITÉRIO MATERIAL E HIPÓTESES DE INCIDÊNCIA	61
2.1. ICMS – Comunicação	62
3. ISS – ASPECTO MATERIAL E HIPÓTESES DE INCIDÊNCIA	68
3.1. Do conceito de serviço tributável	68
4. DO CONCEITO DE COMPUTAÇÃO EM NUVEM E STREAMING	71
4.1. Computação em nuvem	71
4.2. Streaming	72
5. ANÁLISE DE CASOS PRÁTICOS ENVOLVENDO A INCIDÊNCIA DE ICMS E ISS SOBRE COMPUTAÇÃO EM NUVEM E STREAMING	72
6. DAS ALTERAÇÕES LEGISLATIVAS PARA ENQUADRAR O STREAMING E A COMPUTAÇÃO EM NUVEM NA LEGISLAÇÃO TRIBUTÁRIA BRASILEIRA	74
7. DA OCDE E AS MEDIDAS PARA TRIBUTAR AS NOVAS RELAÇÕES DE COMÉRCIO	83
8. CONCLUSÕES	85
REFERÊNCIAS	86

TRIBUTAÇÃO DE SOFTWARES NO BRASIL: INCIDÊNCIA DO ISS E ICMS EM TRANSAÇÕES LOCAIS

INTRODUÇÃO	89
1. PREVISÕES LEGISLATIVAS	90
1.1. Carta magna de 1988	90
1.2. Código tributário nacional	94
1.3. Programas de computador à luz da legislação brasileira	95
1.3.1. *Software de prateleira (off the shelf)*	96
1.3.2. *Software cópia única (personalizado)*	96

SUMÁRIO

2. ENTENDIMENTOS DOUTRINÁRIOS E JURISPRUDENCIAIS   97
    2.1. Software como mercadoria   97
    2.2. Software como propriedade intelectual   100
       2.2.1. *Serviço versus mercadoria*   101
       2.2.2. *Prestação de serviços versus cessão de um bem*   103

3. MUDANÇAS RECENTES   107
    3.1. Quanto à jurisprudência   107
    3.2. Quanto à legislação   110

4. IMPACTOS NO CENÁRIO LEGISLATIVO E ECONÔMICO   112

5. CONCLUSÃO   118

REFERÊNCIAS   119

Aspectos Relevantes da Tributação de Bens Digitais

ALICE MARINHO CORRÊA DA SILVA

Introdução

Desde o surgimento da Internet com a disputa por avanços tecnológicos entre os Estados Unidos e a União Soviética durante a Guerra Fria, é possível identificar a intensificação do processo de globalização, que trouxe não apenas o próprio acesso à rede mundial de computadores, como reduziu as distâncias globais na medida em que permitiu o acesso muito mais rápido às informações e o avanço dos meios de comunicação.

Esse avanço dos meios de comunicação, por sua vez, trouxe uma evolução na economia mundial e o surgimento do comércio eletrônico, a princípio, como uma extensão do próprio comércio tradicional. O comércio eletrônico, como será demonstrado no presente trabalho, cresceu rapidamente nos últimos anos e provocou mudanças nas transações comerciais e forma de oferecimento de produtos e serviços.

É nesse contexto que surgem os produtos e serviços oferecidos de forma digital, ou seja, cuja forma de contratação, pagamento e recebimento daquilo que foi adquirido se dá unicamente por meio da Internet. Essas são essencialmente as características dos bens digitais.

A legislação, contudo, não acompanha com tanta rapidez esses avanços tecnológicos para que seja realizada uma clara regulamentação de todas as atividades que surgem a partir desses avanços. Do ponto de vista tributário, essa situação se torna ainda mais complicada porque as incidências tributárias só podem ser devidamente identificadas quando se conhece a natureza jurídica do bem, serviço ou receita objeto de tributação.

No Brasil, a dificuldade de se determinar a natureza jurídica dos bens digitais e a sua classificação como um produto ou serviço, por exemplo, tem causado inúmeros conflitos de competência, discussões administrativas e judiciais, em especial no que se refere ao Imposto sobre Operações relativas à Circulação de Mercadorias e sobre Prestações de Serviços de Transporte Interestadual, Intermunicipal e de Comunicação (ICMS) e ao Imposto sobre Serviços de Qualquer Natureza (ISS), de competência dos Estados e dos Municípios, respectivamente.

Já na esfera internacional, esse problema persiste na medida em que o comércio eletrônico permite a realização de transações sem que se verifique a presença física do vendedor, dos meios de pagamento e do próprio recebimento do produto ou serviço contratado, o que dá margem a planejamentos tributários agressivos por meio da estruturação societária das empresas em países com pouca fiscalização e de tributação favorecida.

Por conta disso é que, desde 1998, a Organização para Cooperação e Desenvolvimento Econômico (OCDE) e outros organismos internacionais têm buscado apresentar políticas, conceitos e modelos relacionados à tributação do comércio eletrônico no âmbito internacional. A mais importante e atual dessas medidas está relacionada ao Plano de Ações da OCDE para evitar a erosão da base tributária e a alocação de receitas e despesas de acordo com os critérios mais benéficos de tributação da receita – *Base Erosion and Profit Shifting* (BEPS).

Dessa forma, o objetivo do presente trabalho é analisar, a partir da evolução histórica da Internet e do comércio eletrônico, o regime jurídico aplicável aos bens digitais e, assim, os principais aspectos relacionados à sua tributação. No âmbito nacional, a discussão do tema será delimitada ao conflito de competência existente entre Estados e Municípios, que defendem a incidência do ICMS e ISS, respectivamente.

Por fim, no âmbito internacional, serão apontadas as políticas e modelos apresentados pela OCDE e, mais especificamente, a Ação 1 trazida no âmbito do BEPS, que se refere especificamente ao estudo dos riscos tributários diante da nova economia digital e propostas para minimização de planejamentos tributários agressivos, bem como a atual aplicação desses mecanismos no Brasil.

1. A Internet, o comércio eletrônico e os bens digitais
1.1. A Internet: conceito e evolução histórica

A Internet surgiu a partir do desenvolvimento tecnológico de duas grandes potências mundiais durante a Guerra Fria (1945-1991), quais sejam, União Soviética e Estados Unidos, em que esses dois blocos disputavam o controle e influência sobre o restante do mundo.

Diante desse contexto, foi idealizado pelos Estados Unidos um modelo para compartilhamento de informações de forma descentralizada, garantindo a segurança de informações sigilosas caso houvesse um ataque às suas bases militares. Assim, o Departamento de Defesa dos Estados Unidos criou, em 1969, a *Advanced Research Projects Agency Network* (ARPANET), que foi a primeira rede operacional de computadores que permitia interligar bases militares e departamentos governamentais americanos, tornando-se, assim, grande precursora da Internet.

Antes desse período, contudo, em 1962, já haviam estudos relacionados à criação de uma rede interligada de computadores, registrados por Licklider, do Instituto Tecnológico de Massachussets (MIT). Em 29 de outubro de 1969 foi estabelecida a primeira conexão da Internet entre a Universidade da Califórnia em Los Angeles e o Instituto de Pesquisa de Stanford por meio da transmissão do que foi considerado o primeiro e-mail da história.

Na década de 1970, com a redução das tensões provocadas pela Guerra Fria com a chamada Coexistência Pacífica, intensificaram-se os estudos acerca da Internet no âmbito da ARPANET, que logo implementou um sistema denominado Protocolo de Internet (*Internet Protocol*) – IP, o qual conectava diversas redes na Internet e permitia a troca de informações entre elas.

Assim é que foram se aperfeiçoando as funcionalidades relacionadas ao ambiente da Internet, tendo sido criada em 1992 a World Wide Web (WWW) pelo cientista Tim Berners-Lee, bem como o protocolo HTTPS (*HyperText Transfer Protocol Security*) pela empresa Netscape, norte-americana, que possibilitou o envio e troca de dados criptografados nas transações realizadas no âmbito da Internet.

Ainda em 1992, o Senador Al Gore fazia referência a uma "*Superhighway of Information*" (expressão em inglês para "superestrada da informação") com a finalidade de promover a troca, o compartilhamento e o fluxo de informações através da Internet pelo mundo inteiro. O interesse pelo cres-

COMPUTAÇÃO, COMÉRCIO ELETRÔNICO E PRESTAÇÃO DE SERVIÇOS DIGITAIS

cimento desse mecanismo, associado ao crescimento comercial da época, propulsionou o crescimento rápido da Internet na década de 1990.

De acordo com as informações disponibilizadas no site *Internet World Stats (www.internetworldstats.com)*, 65% da população total dos países da América do Sul são usuários da Internet, sendo que no Brasil esse percentual atinge a estimativa de 67,5% da população. Confira-se abaixo a tabela que indica esses resultados:

Tabela 1 – América do Sul – Usuários da Internet e Estatísticas (2017)

AMÉRICA DO SUL – USUÁRIOS DA INTERNET E ESTATÍSTICAS DA POPULAÇÃO – 2017						
Região da América do Sul	População (2017 Est.)	% da População Mundial	Usuários da Internet (31/03/17)	% da População	% de usuários do mundo	Facebook (30/06/16)
América do Sul	416.548.298	5,7%	277.294.854	65,0%	7,4%	229.242.500
Restante do Mundo	7.092.480.672	94,3%	3.462.403.646	48,8%	92,6%	1,450,191,030
Total Mundial	7,519,028,970	100,0%	3,739,698,500	49,7%	100,0%	1,679,433,530

NOTAS: (1) As estatísticas da Internet para a América do Sul (SA) foram atualizadas em 31 de março de 2017. (2) A população é baseada em dados da Divisão de População das Nações Unidas. (3) Os dados de uso da Internet mais recentes vem principalmente de números publicados pela Nielsen Online, UIT, Facebook e fontes locais confiáveis. (4) Para definições e ajuda, veja o guia de navegação do site. (5) Os dados neste site podem ser citados, dando o devido crédito e estabelecendo um link ativo para o Internet World Stats. Copyright © 2017, Miniwatts Marketing Group. Todos os direitos reservados no mundo inteiro.
Disponível em <http://www.internetworldstats.com/stats15.htm#south> Acessado em 18.06.2017.
"Internet Usage and Population in South America". (Tradução livre do Autor)

Como se verifica, a Internet surgiu a partir de um contexto histórico em que se buscava o avanço tecnológico e dos meios de comunicação, intensificado pelo crescimento do comércio e pela busca dos países em se tornarem potências mundiais.

1.2. A Internet no Brasil

No Brasil, a Internet começou a se desenvolver junto aos meios acadêmicos e científicos no final da década de 1980, sendo que nesse início o acesso era privado para Universidades, em pesquisas realizadas por alunos e professores. Apenas no ano de 1995 é que o acesso à Internet deixou de ser privado e se tornou público para todo o país, por meio de ações do Ministério das Telecomunicações e do Ministério da Ciência e Tecnologia.

A Internet no Brasil teve início de fato em 1988, quando o Laboratório Nacional de Computação Científica (LNCC) se conectou com a Universidade de Maryland por meio da *Bitnet*, que permitia a troca de mensagens por meio da Internet. Ainda em 1988, a Fundação de Amparo à Pesquisa do Estado de São Paulo (FAPESP) se conectou, também por meio da *Bitnet*, ao *Fermi National Accelerator Laboratory* (Fermilab) em Chicago e, em 1989, a Universidade Federal do Rio de Janeiro também se conectou à *Bitnet* através de outra universidade americana.

Foi criada também em 1989 a Rede Nacional de Pesquisa (RNP), com o auxílio do Conselho Nacional de Desenvolvimento Científico e Tecnológico (CNPq), a qual na década de 1990 forneceu acesso à Internet a cerca de 600 instituições brasileiras. Além disso, em 1991, o acesso à Internet já era realizado por órgãos governamentais e instituições educacionais, que a utilizavam para transferências de arquivos, debates e acesso a informações mundiais.

No ano de 1992, foi implantada uma rede central da RNP, que interligava 11 Estados brasileiros por meio de uma rede de equipamentos e linhas de comunicação. Após, nos anos seguintes, o acesso à Internet passou a ser divulgado e oferecido a todas as pessoas, surgindo grande quantidade de contas de e-mail, sites, e os primeiros portais de Internet privados do país, o ZAZ e o UOL. Em 2000, a Internet passa a ser oferecida a um custo mais baixo e atinge maior parte da população no país, por meio da "internet 2", surgindo também sites como a Globo.com e o IG.

Nesse contexto de desenvolvimento, interessante destacar que, no ano de 1997, pela primeira vez, possibilitou-se a entrega da Declaração do Imposto de Renda pela Internet por meio do programa Receitanet. Para tanto, bastava que o contribuinte baixasse da Internet os programas IRPF e Receitanet, por meios dos quais se preenchiam as declarações e enviavam mediante acesso à Internet.

Além disso, no ano de 1999, foi disponibilizada aos contribuintes a possibilidade de entrega da declaração do imposto de renda por meio de formulário online, que ficava disponível na página da Secretaria da Receita Federal e não era necessária sequer a instalação de programa. Bastava o preenchimento dos dados, a impressão e/ou cópia de segurança da declaração e o seu envio pela Internet. De acordo com os dados disponibilizados no site da Secretaria da Receita Federal, as formas de preenchimento da declaração de imposto de renda entre os anos de 1924 e 2014 eram as seguintes:

Tabela 2 – Formas de preenchimento: Declaração de Imposto de Renda

EXERCÍCIOS	FORMAS DE PREENCHIMENTO
1924 a 1990	Formulário
1991 a 1998	Formulário e computador via programa IRPF
1999 a 2005	Formulário, computador via programa IRPF, declaração on-line, declaração por telefone
2006 a 2007	Formulário, computador via programa IRPF, declaração on-line
2008 a 2010	Formulário e computador via programa IRPF
2011 e 2012	Computador via programa IRPF
2013 e 2014	Computador via programa IRPF e Smartphone/Tablet

Fonte: Site da Secretaria da Receita Federal do Brasil – Disponível em <https://idg.receita.fazenda.gov.br/sobre/institucional/memoria/imposto-de-renda/historia/1997-a-2014-o-avanco--tecnologico-seguranca-rapidez-e-facilidade-no-preenchimento-e-na-entrega-da-declaracao> Acessado em 18.06.2017.

Os avanços tecnológicos ocorridos no país na década de 1990 e início dos anos de 2000 propiciaram o surgimento e crescimento de diversos sites e, junto com eles, o desenvolvimento do comércio eletrônico, que será explorado nos itens seguintes.

1.3. O comércio eletrônico

O comércio existe desde a formação das primeiras civilizações, como forma de troca de riquezas entre duas ou mais pessoas. As trocas comerciais, que inicialmente traduziam-se pela mera troca de produtos entre duas partes, tornaram-se mais complexas na medida em que passaram a envolver uma cadeia de pessoas com necessidades, interesses e valores distintos com relação aos produtos objeto de comercialização.

A definição mais básica do comércio pode ser encontrada em dicionários da língua portuguesa, que trazem definições como a de que o comércio

ASPECTOS RELEVANTES DA TRIBUTAÇÃO DE BENS DIGITAIS

consiste na *"permuta, compra e venda de produtos ou valores; mercado, negócio"*[1]. Em seu conceito econômico, o comércio consiste na produção que aumenta o valor de produtos por meio da relação entre produtores e consumidores com a finalidade de trocar produtos/mercadorias[2].

Por sua vez, em sua acepção jurídica, o comércio pode ser compreendido como um complexo de atos e negócios realizados entre produtores e consumidores, em caráter habitual e com a finalidade de obter lucro, de modo a realizar ou facilitar a circulação de produtos da natureza ou da indústria[3]. Assim, os principais elementos que compõem o comércio são (i) troca entre partes – em geral produtor e consumidor; (ii) finalidade lucrativa; e (iii) habitualidade e continuidade do negócio.

Conforme se verifica das definições acima, o comércio sempre foi entendido como uma troca de bens materiais, tangíveis, por um bem de igual valor (seja produto, moeda, ou qualquer outra forma de riqueza acordada pelas partes). Contudo, com o avanço da Internet, deu-se início a uma nova modalidade de negócios, realizada de forma digital, qual seja, o comércio eletrônico.

A OCDE define o comércio eletrônico como uma transação de produtos e serviços conduzida por uma rede de computadores com métodos designados especificamente para fazer ou receber pedidos. Os pedidos de produtos e serviços são feitos por meio dessa rede de computadores, mas o seu pagamento e a sua entrega não são feitos necessariamente de forma online[4].

---

[1] FERREIRA, Aurélio B. de Hollanda. **Mini Aurélio – O Dicionário da Língua Portuguesa**. 7 ed. Curitiba: Ed. Positivo, 2008. 896 p.

[2] REQUIAO, Rubens. **Curso de Direito Comercial – Vol. 1**. 26ª ed. Ed. Saraiva, 2005. 513 p.

[3] REQUIAO, Rubens. **Curso de Direito Comercial – Vol. 1**. 26ª ed. Ed. Saraiva, 2005. 513 p.

[4] Disponível em <https://stats.oecd.org/glossary/detail.asp?ID=4721>; Acessado em 18/06/2017. Tradução livre do Autor. Texto original: "An e-commerce transaction is the sale or purchase of goods or services, conducted over computer networks by methods specifically designed for the purpose of receiving or placing of orders. The goods or services are ordered by those methods, but the payment and the ultimate delivery of the goods or services do not have to be conducted online. An e-commerce transaction can be between enterprises, households, individuals, governments, and other public or private organisations. To be included are orders made over the web, extranet or electronic data interchange. The type is defined by the method of placing the order. To be excluded are orders made by telephone calls, facsimile or manually typed e-mail."

Outra definição de comércio eletrônico é a trazida por Alberto Luiz Albertin, que define essa atividade como "a realização de toda a cadeia de valor dos processos de um negócio num ambiente eletrônico, por meio da aplicação intensa das tecnologias de comunicação e de informação, atendendo aos objetivos do negócio. Os processos podem ser realizados de forma completa ou parcial, incluindo as transações negócio-a-negócio, negócio-a-consumidor e intra-organizacional, numa infra-estrutura predominantemente pública e de fácil e livre acesso e baixo custo"[5].

De acordo com Guilherme Cezaroti, ainda, a característica fundamental do comércio eletrônico consiste na comunicação estabelecida entre fornecedor e consumidor para negociação de mercadorias e serviços ser realizada por meio eletrônico e, considerando que a Internet é atualmente a forma mais conhecida para troca de mensagens, ela caracteriza o meio mais comum do comércio eletrônico[6].

Com relação à classificação, o comércio eletrônico pode ser dividido de acordo com a qualidade das partes envolvidas na negociação, ou seja, o comprador (ou adquirente) e vendedor (ou prestador de serviços). Nesse sentido, as transações poderão ser classificadas como (i) *business-to-consumer* ("B2C") quando ocorrer entre a empresa e o consumidor direto do bem ou serviço; (ii) *business-to-business* ("B2B") quando ocorrer entre empresas; ou (iii) *consumer-to-consumer* nas situações em que ocorrer diretamente entre consumidores, pessoas físicas, como por exemplo se verifica no caso de classificados, brechós, entre outros.

Além disso, o comércio eletrônico pode ser classificado quanto à forma de entrega dos bens, de modo que sua classificação se dividiria em (i) direta ou própria; e (ii) indireta ou imprópria. A forma indireta, ou imprópria, ocorre quando a Internet é utilizada apenas como meio de aquisição de um produto ou serviço que é entregue de forma pessoal pelos meios convencionais de transporte, ou seja, são comercializados bens tangíveis cuja venda é efetuada através do contato entre fornecedor e consumidor. Essa modalidade, portanto, equipara-se a outras formas indiretas de comércio não presenciais, como por exemplo, o catálogo, telemarketing, fax, entre outras.

---

[5] ALBERTIN, Alberto Luiz. Comércio eletrônico: modelo, aspectos e contribuições de sua aplicação, 2002. In: BRAGHETTA, Daniela de Andrade. **Tributação no comércio eletrônico** à luz da teoria comunicacional do direito. São Paulo: Quartier Latin. 2003. p. 111.

[6] CEZAROTI, Guilherme. **ICMS no comércio eletrônico.** São Paulo: MP Editora, 2005. p. 29.

ASPECTOS RELEVANTES DA TRIBUTAÇÃO DE BENS DIGITAIS

Por outro lado, na forma direta ou própria, tanto a comercialização quanto a entrega do bem ou do serviço ocorrem de forma digital, de modo que os produtos ou serviços objeto da aquisição são intangíveis. Como exemplo, podemos citar o download e utilização de programas, músicas, filmes, jogos, a realização de treinamentos e prestação de consultorias, entre outros de conteúdo digital.

A forma indireta do comércio eletrônico, portanto, não apresenta grande complexidade do ponto de vista tributário, uma vez que a sua natureza é a mesma dos produtos comercializados de forma não-virtual. Nessa hipótese, apenas a forma da contratação do negócio é diversa (eletrônica), não alterando o próprio negócio em si (isto é, a venda de uma determinada mercadoria será sempre a venda dessa mercadoria, independente se o seu pedido de compra foi efetuado presencialmente, pela internet, por telefone, etc).

As discussões surgem com o comércio eletrônico direto, em que ocorre a comercialização de bens e serviços intangíveis, uma vez que nessa hipótese há dificuldade com relação à classificação da natureza jurídica dessa operação, em especial ante a ausência de normas que tratem dessas hipóteses específicas, o que dificulta ainda mais a definição quanto à tributação dessas operações.

Ainda com relação à essa forma de classificação do comércio eletrônico pela forma de entrega dos bens, Daniela de Andrade Braghetta traz as seguintes considerações[7]:

> A mercadoria pode, então, ser vislumbrada em um catálogo eletrônico mostrado nas páginas da *web*, e, quando escolhida, faz-se o pagamento por meio de transferência eletrônica de fundos. É possível, pois, encomendar um livro, um *Compact Disc*, uma roupa ou até mesmo um carro dessa forma: com o computador conectado à Internet, o usuário abre a página de sua escolha, faz a opção pelo produto desejado, fornece os dados para a entrega do produto e para o pagamento (usualmente por meio de cartão de crédito) e recebe as informações de segurança relativas à entrega da mercadoria, que geralmente se caracteriza por uma senha.
>
> Se, porventura, se tratar de um produto intangível, com disponibilidade na rede, como um *software*, a entrega pode ocorrer em alguns instantes, após

[7] BRAGHETTA, Daniela de Andrade. **Tributação no comércio eletrônico** à luz da teoria comunicacional do direito. São Paulo: Quartier Latin. 2003. p. 125, 132.

COMPUTAÇÃO, COMÉRCIO ELETRÔNICO E PRESTAÇÃO DE SERVIÇOS DIGITAIS

a comprovação da efetivação do pagamento. É o que se denomina operação em tempo real (*on-line*).

Vislumbra-se, ainda, a possibilidade de se adquirirem, pela rede, produtos que se achem em distintas localidades. Assim, a título ilustrativo, uma pessoa que se encontre numa cidade do interior do Estado brasileiro do Tocantins poderá comprar, pela Internet, uma peça de vestuário proveniente e vista numa página da *web* localizada em Bratislava, na República da Eslováquia. Trata-se de uma operação feita de forma diferida (*off-line*).

(...)

Nesse embalo, levando-se em conta o fato de que o pagamento da operação pode ser feito via conexão à rede – *on-line* – ou desconectado da mesma – *off-line* –, sem que nenhuma das formas procedimentais adotadas interfira no resultado pretendido, vislumbramos duas formas de ocorrência do comércio eletrônico, a saber: a) *indireta*, com a escolha e encomenda de bens *on-line*, havendo, contudo, necessidade de entrega física do mesmo, por meio de serviços postais de qualquer natureza, como na compra de um livro ou de um carro, o que caracteriza a operação toda como sendo *off-line*; e, b) *direta*, com todos os procedimentos das ações realizadas *on-line*, quais sejam a escolha, a encomenda e a entrega eletrônica do bem ou serviço feitos por intermédio do computador, sem passar por qualquer forma de fronteiras geográficas, ocorrendo a entrega do mesmo sem a necessidade de utilização de serviços postais, como na aquisição de programas de computador ou conteúdos de diversão.

Conforme se verifica, a evolução da Internet e do comércio eletrônico reduziu as distâncias existentes entre consumidores e fornecedores, bem como possibilitou o desenvolvimento de novas soluções no que se refere à venda de produtos e à prestação de serviços, de modo que não apenas é possível a aquisição de bens e serviços à distância (ou seja, de forma não presencial), como também muitas vezes essa aquisição ocorre de forma instantânea. Essas aquisições instantâneas, que ocorrem quando o produto ou serviço é disponibilizado em meio eletrônico, bem como as suas principais implicações tributárias, serão analisadas nos itens a seguir.

1.4. Os bens digitais

Como visto acima, o comércio eletrônico caracteriza uma relação jurídica em que uma das partes adquire um bem ou serviço e a outra parte se compromete a entregar referido bem ou serviço. Assim, o objeto dessa relação jurídica formada pelo comércio eletrônico pode ser tanto um bem quanto uma prestação.

Diferentes tipos de direitos podem recair sobre o objeto dessas relações jurídicas, quais sejam, os direitos reais, que recaem diretamente sobre o bem, os direitos obrigacionais, que implicam em determinada prestação de caráter econômico, e os direitos personalíssimos, que recaem sobre a pessoa do titular.

Os bens estão classificados no Código Civil (Lei nº 10.406, de 10 de janeiro de 2002) no Livro II da Parte Geral, artigo 79 e seguintes, que os dividiu nas seguintes categorias: (i) bens imóveis; (ii) bens móveis; (iii) bens fungíveis e consumíveis; (iv) bens divisíveis; (v) bens singulares e coletivos; (vi) bens reciprocamente considerados; e (vii) bens públicos. Essa classificação de bens é importante porque a partir dela é possível definir a sua natureza jurídica e os institutos jurídicos que serão aplicados.

Além das classificações acima, previstas no Código Civil, a doutrina ainda classifica os bens em corpóreos e incorpóreos (não prevista expressamente no Código Civil de 2002), de acordo com a existência de materialidade ou não com relação a eles, ou seja, se podem ser ou não tocados. Arnoldo Wald traz a definição desses bens da seguinte forma[8]:

> Dividem-se, ainda, as coisas em *corpóreas* e *incorpóreas*. As primeiras são as que podem ser tocadas, tendo existência física. As segundas são aquelas cuja existência decorre de lei, como, por exemplo, os direitos ao nome, a uma patente ou marca de indústria, o direito à sucessão aberta.

Conforme mencionado nos itens acima, existem bens que são adquiridos e recebidos por meio da Internet, de modo que não possuem qualquer materialidade física. São, portanto, bens incorpóreos existentes no mundo virtual – os chamados bens digitais. Como exemplo, podemos citar músicas, livros, jogos e programas de computador (*software*), que são adquiridos por meio da Internet e utilizados de forma digital.

A conceituação de bens digitais, a partir dos ensinamentos de Adelmo Silva Emerenciano, pode ser dada como "conjuntos organizados de instruções, na forma de linguagem de sobrenível, armazenados em forma

---

[8] WALD, Arnoldo. **Direito Civil – Introdução e Parte Geral**. 9ª ed. São Paulo: Saraiva, 2002. p. 167-168.

digital, podendo ser interpretados por computadores e por outros dispositivos assemelhados"[9].

1.5. Regime jurídico aplicável aos bens digitais

Como se verifica da conceituação acima, os bens digitais são bens incorpóreos e imateriais, que só existem no mundo digital. São, portanto, objeto de criações humanas e, como tal, a Constituição Federal garante aos seus autores o direito exclusivo de utilização, publicação e reprodução, como se depreende do artigo 5º, inciso XXVII, confira-se:

> Art. 5º Todos são iguais perante a lei, sem distinção de qualquer natureza, garantindo-se aos brasileiros e aos estrangeiros residentes no País a inviolabilidade do direito à vida, à liberdade, à igualdade, à segurança e à propriedade, nos termos seguintes:
> (...)
> XXVII – aos autores pertence o direito exclusivo de utilização, publicação ou reprodução de suas obras, transmissível aos herdeiros pelo tempo que a lei fixar;

As leis atualmente existentes para proteção e regulamentação da utilização desses direitos são a Lei nº 9.609, de 19 de fevereiro de 1998 ("Lei nº 9.609/1998"), que trata da proteção da propriedade intelectual dos programas de computador, e a Lei nº 9.610, de 19 de fevereiro de 1998 ("Lei nº 9.610/1998" – Lei de Direitos Autorais), que trata da consolidação da legislação sobre direitos autorais.

De acordo com o artigo 1º da Lei nº 9.609/1998, programa de computador deve ser entendido como *"a expressão de um conjunto organizado de instruções em linguagem natural ou codificada, contida em suporte físico de qualquer natureza, de emprego necessário em máquinas automáticas de tratamento da informação, dispositivos, instrumentos ou equipamentos periféricos, baseados em técnica digital ou análoga, para fazê-los funcionar de modo e para fins determinados"*.

Adicionalmente, a Lei nº 9.610/1998 prevê, nos incisos do seu artigo 7º, as obras protegidas pelos direitos autorais. Confira-se:

---

[9] EMERENCIANO, Adelmo Silva. Tributação no Comércio Eletrônico. In: CARVALHO, Paulo de Barros (Coord.). Coleção de Estudos Tributários. In: SANTOS, Bruno Damasceno Ferreira. Artigo publicado no site Conteúdo Jurídico: **Bem digital – natureza e regime jurídico do objeto do comércio eletrônico on-line.** Datado de 28.05.2014.

Art. 7º São obras intelectuais protegidas as criações do espírito, expressas por qualquer meio ou fixadas em qualquer suporte, tangível ou intangível, conhecido ou que se invente no futuro, tais como:

I – os textos de obras literárias, artísticas ou científicas;

II – as conferências, alocuções, sermões e outras obras da mesma natureza;

III – as obras dramáticas e dramático-musicais;

IV – as obras coreográficas e pantomímicas, cuja execução cênica se fixe por escrito ou por outra qualquer forma;

V – as composições musicais, tenham ou não letra;

VI – as obras audiovisuais, sonorizadas ou não, inclusive as cinematográficas;

VII – as obras fotográficas e as produzidas por qualquer processo análogo ao da fotografia;

VIII – as obras de desenho, pintura, gravura, escultura, litografia e arte cinética;

IX – as ilustrações, cartas geográficas e outras obras da mesma natureza;

X – os projetos, esboços e obras plásticas concernentes à geografia, engenharia, topografia, arquitetura, paisagismo, cenografia e ciência;

XI – as adaptações, traduções e outras transformações de obras originais, apresentadas como criação intelectual nova;

XII – os programas de computador;

XIII – as coletâneas ou compilações, antologias, enciclopédias, dicionários, bases de dados e outras obras, que, por sua seleção, organização ou disposição de seu conteúdo, constituam uma criação intelectual.

Diante dessas regras, é possível concluir que embora os bens digitais apresentem uma conceituação jurídica de certa forma mais complexa e até mesmo distinta dos conceitos existentes até então, eles devem ser considerados criações exteriorizadas por seus autores, representando assim uma atividade sujeita à reprodução e comercialização de acordo com as normas de Direito Autoral.

Nesse sentido, a Lei de Direitos Autorais traz as definições jurídicas relacionadas às formas de utilização e comercialização desses bens, confira-se:

Art. 5º Para os efeitos desta Lei, considera-se:

I – publicação – o oferecimento de obra literária, artística ou científica ao conhecimento do público, com o consentimento do autor, ou de qualquer outro titular de direito de autor, por qualquer forma ou processo;

II – transmissão ou emissão – a difusão de sons ou de sons e imagens, por meio de ondas radioelétricas; sinais de satélite; fio, cabo ou outro condutor; meios óticos ou qualquer outro processo eletromagnético;

III – retransmissão – a emissão simultânea da transmissão de uma empresa por outra;

IV – distribuição – a colocação à disposição do público do original ou cópia de obras literárias, artísticas ou científicas, interpretações ou execuções fixadas e fonogramas, mediante a venda, locação ou qualquer outra forma de transferência de propriedade ou posse;

V – comunicação ao público – ato mediante o qual a obra é colocada ao alcance do público, por qualquer meio ou procedimento e que não consista na distribuição de exemplares;

VI – reprodução – a cópia de um ou vários exemplares de uma obra literária, artística ou científica ou de um fonograma, de qualquer forma tangível, incluindo qualquer armazenamento permanente ou temporário por meios eletrônicos ou qualquer outro meio de fixação que venha a ser desenvolvido;

VII – contrafação – a reprodução não autorizada;

(...)

Além disso, se para o seu autor os bens digitais caracterizam obras protegidas pela Lei de Direitos Autorais, por outro lado, para os adquirentes da obra protegida ou de um exemplar não há transferência dos direitos patrimoniais pertencentes ao autor, excetuando-se as exceções previstas na Lei e as previsões contratuais expressamente acordadas (artigo 37 da Lei de Direitos Autorais).

Vale destacar, quanto a esse aspecto, que o enquadramento dos bens digitais nesse regime jurídico não é simples. Isso porque, conforme já apontado por Carlos Alberto Bittar[10], dependendo da forma de comercialização dos bens digitais existe divergência no entendimento quanto ao seu enquadramento em (i) um regime jurídico próprio; (ii) subsunção ao regime jurídico dos Direitos Autorais; (iii) subsunção ao regime aplicável à propriedade industrial; e (iv) um regime jurídico misto.

---

[10] BITTAR, Carlos Alberto. A Lei do "software" e seu regulamento. In: SANTOS, Bruno Damasceno Ferreira. Artigo publicado no site Conteúdo Jurídico: **Bem digital – natureza e regime jurídico do objeto do comércio eletrônico on-line**. Datado de 28.05.2014.

Diante dessas considerações, chegamos à conclusão de que os bens digitais podem ser objeto de diversos negócios jurídicos, o que, somado à sua característica singular no mundo jurídico, têm sido objeto de muitas discussões tributárias e conflitos de competência, especialmente entre Estados e Municípios com relação à incidência do ICMS e do ISS, como será explorado em detalhes nos itens abaixo.

2. Aspectos tributários relacionados aos bens digitais
2.1. Problematização da classificação de bens digitais na esfera tributária

Desde a constituição do Sistema Tributário brasileiro com a Emenda Constitucional nº 18/1965, por meio da qual foram, pela primeira vez no país, instituídas regras específicas e consistentes para regulamentação do Direito Tributário brasileiro, existe uma segregação dos conceitos de mercadoria e de serviço para definição dos tributos incidentes sobre os negócios envolvendo esses dois institutos.

Nesse sentido, a circulação de mercadorias sempre foi vista como uma "obrigação de dar", de entregar algo a outrem, enquanto que a prestação de serviços sempre foi vista como uma "obrigação de fazer", ou seja, uma prestação positiva de alguém com a finalidade de realizar/produzir alguma coisa.

Contudo, com o avanço tecnológico e o surgimento dos bens digitais, se tornou difícil definir algumas operações como simplesmente de circulação de mercadorias ou de prestação de serviços e, muitas vezes, até mesmo definir qual seria a natureza do próprio serviço prestado. O que até então era dividido simplesmente como uma "obrigação de dar" ou como uma "obrigação de fazer" se tornou uma zona cinzenta que pode muito bem ser até um "misto" dessas duas coisas.

Como exemplo dessa situação, podemos mencionar a comercialização de um programa de computador (software). Inicialmente, esses programas eram vendidos em disquetes e CDs em lojas de eletrônicos, sendo que após sua compra era necessário instalar o programa no computador, o que claramente caracteriza uma venda de mercadoria. Paralelamente a isso, surgiu a hipótese de se personalizar esse programa de computador a fim de adaptá-lo a necessidades específicas de um cliente, o que caracteriza uma prestação positiva por parte do produtor do programa e, portanto, uma prestação de serviços.

No entanto, atualmente, diversos programas de computador podem ser comprados na Internet, baixados via *download* e utilizados diretamente pelo adquirente, sem necessidade de utilização de qualquer meio físico. Nessa situação, então, não há uma mercadoria propriamente dita a ser vendida e nem uma prestação positiva específica, de modo que a classificação dessa operação fica em uma zona cinzenta entre a venda de mercadorias e a prestação de serviços, causando discussões quanto às incidências tributárias.

Essa é, de forma simplificada, uma das problemáticas que se encontra na tributação de bens digitais, pois sem a definição da natureza específica da operação se torna difícil enquadrá-la nas hipóteses de incidência previstas atualmente. É exatamente essa problemática que será tratada nos itens abaixo e, por uma questão de necessidade de delimitação do tema, como já expusemos acima, será analisada sob a ótica da tributação pelo ICMS e pelo ISS.

2.2. O ICMS na tributação dos bens digitais

A competência para cobrança do ICMS, de competência dos Estados e do Distrito Federal, está prevista no artigo 155, inciso II, da Constituição Federal, que estabelece a sua competência para instituir impostos sobre *"operações relativas à circulação de mercadorias e sobre prestações de serviços de transporte interestadual e intermunicipal e de comunicação, ainda que as operações e as prestações se iniciem no exterior"*.

Nesse sentido, verifica-se que os bens digitais podem, em tese, ser enquadrados em duas hipóteses para fins de incidência do ICMS, quais sejam, (i) de operações relativas à **circulação de mercadorias**; ou (ii) de prestação de **serviços de comunicação**.

No que se refere ao item (i), para fins da incidência do ICMS, o termo "circulação" deve ser entendido como aquele que implica a transferência de titularidade da mercadoria. Nesse sentido, o Plenário do Supremo Tribunal Federal (STF) definiu, no julgamento do Recurso Extraordinário nº 158.834, que o ICMS somente pode incidir quando há efetiva transferência de titularidade da mercadoria.

Ademais, é necessário que referida circulação seja de uma "mercadoria" para que possa haver a incidência do ICMS. A mercadoria, como o próprio nome diz, é o objeto das operações mercantis, ou seja, é aquilo que se transaciona nas operações mercantis, que compreende bens corpóreos e tangíveis.

Nesse mesmo sentido, confira-se abaixo as lições do Professor José Eduardo Soares de Melo[11] sobre as definições dos termos "operações", "circulação" e "mercadoria", intrínsecos à definição da materialidade do ICMS:

> "Operações" significam a prática de um negócio jurídico como a transmissão de um direito (posse ou propriedade). Ninguém fica obrigado a recolher um tributo pelo simples fato de possuir uma mercadoria.
>
> "Circulação" é a passagem das mercadorias de uma pessoa para outra, sob o manto de um título jurídico fundamentado em ato ou contrato, implicando mudança de patrimônio. É irrelevante a mera circulação física ou econômica.
>
> "Mercadoria" é o bem corpóreo da atividade empresarial, tendo por objeto a sua distribuição para consumo, compreendendo-se no estoque da empresa, distinguindo-se das coisas que tenham qualificação diversa, segundo a natureza contábil, como é o caso do ativo permanente. A energia elétrica caracteriza-se como mercadoria por força de previsão constitucional (art. 155, § 3º).

Até recentemente, as discussões travadas acerca da tributação de novas tecnologias, em especial envolvendo softwares, levavam em consideração um precedente do STF firmado no julgamento do Recurso Extraordinário nº 176.626/SP, publicado em 11.12.1998, no qual restou decidido que a circulação de cópias ou exemplares de programas de computador produzidos em série e comercializados no varejo (*softwares* de prateleira) estaria sujeita ao ICMS (nesse caso específico, vale destacar que o *software* era comercializado com seu suporte físico). Confira-se:

> (...)
>
> III. Programa de computador (*"software"*): tratamento tributário: distinção necessária. Não tendo por objeto uma mercadoria, mas um bem incorpóreo, sobre as operações de "licenciamento ou cessão do direito de uso de programas de computador" " matéria exclusiva da lide ", efetivamente não podem os Estados instituir ICMS: dessa impossibilidade, entretanto, não resulta que, de logo, se esteja também a subtrair do campo constitucional de incidência do ICMS a circulação de cópias ou exemplares dos programas de computador produzidos em série e comercializados no varejo – como a do chamado *"software* de prateleira" (*off the shelf*) – os quais, materializando o

---

[11] MELO, José Eduardo Soares de. **Curso de Direito Tributário**. 10ª ed. São Paulo: Dialética, 2012. p. 523-524.

corpus mechanicum da criação intelectual do programa, constituem mercadorias postas no comércio.

De acordo com esse julgado, o "*software* de prateleira" caracteriza aquele desenvolvido em série para um grande número de usuários, e na comercialização de tal *software* predomina a venda do suporte físico, incidindo, portanto o ICMS. O "*software* customizado", por sua vez, caracteriza-se por ser aquele desenvolvido de acordo com as solicitações e necessidades específicas de um determinado cliente, razão pela qual neste caso seria predominante a existência de uma prestação de serviço e, portanto, não estaria sujeita à incidência do ICMS.

Atualmente, no entanto, esses conceitos têm sido questionados de tal forma que existem diversas discussões sobre o tema, sendo que algumas se encontram pendentes de apreciação pelo Poder Judiciário. Nesse aspecto, vale destacar que atualmente discute-se nos Tribunais Superiores a possibilidade de incidir o ICMS no *download* de *softwares*, cuja discussão decorre do fato de que a legislação do Estado do Mato Grosso, que determina a incidência do ICMS sobre o *download* de programas de computador, teve a sua constitucionalidade questionada pelo Partido do Movimento Democrático Brasileiro (PMDB), pelo ajuizamento da Ação Direta de Inconstitucionalidade nº 1.945 (ADI 1.945), que aguarda julgamento há quase 20 anos.

Os principais aspectos envolvendo a constitucionalidade (ou não) da previsão questionada na ADI 1.945 dizem respeito justamente ao conceito de circulação de mercadoria no que se refere à (i) possibilidade de o ICMS poder incidir apenas sobre bens materiais; e (ii) de haver questão específica relacionada à ocorrência (ou não) de efetiva transferência de titularidade do bem nesses casos (softwares, por exemplo, são objeto de contratos de licença e não de contratos de compra e venda).

O assunto chegou a ser debatido pelos Ministros do STF no julgamento da Medida Cautelar nos autos da ADI 1.945, em 2010. Na ocasião, alguns Ministros sinalizaram que, face ao avanço tecnológico, a natureza corpórea existente no conceito de mercadoria não se mostraria tão significativa a ponto de impedir a incidência de ICMS sobre o *download* de programas de computador.

No entanto, a conclusão final do julgado foi pela desnecessidade do exame da Medida Cautelar e, além disso, a posição indicada no parágrafo acima refletia a visão de alguns Ministros que não fazem mais parte da composição atual do Tribunal, de modo que não é possível antecipar o atual entendimento da Corte.

Mais recentemente, em 16.04.2015, foi publicada a Emenda Constitucional nº 87 (EC nº 87/15), que alterou a sistemática de recolhimento do ICMS para vendas não presenciais realizadas a consumidor final.

Assim, nos termos do artigo 155, parágrafo 2º, inciso VII, da Constituição Federal, com a redação dada pela EC nº 87/15, *"nas operações que destinem bens e serviços a consumidor final, contribuinte ou não do imposto, localizado em outro Estado, **adotar-se-á a alíquota interestadual** e **caberá ao Estado de localização do destinatário o imposto correspondente à diferença entre a alíquota interna do Estado destinatário e a alíquota interestadual"** (grifos nossos), sendo que, por força do disposto no artigo 99 do Ato das Disposições Constitucionais Transitórias (ADCT) acrescido pela Emenda Constitucional nº 87/15, o diferencial de alíquotas deverá ser repartido entre os Estados de origem e destino de forma gradativa até ser integralmente devido ao Estado de origem em 2019.

Com isso, após a EC nº 87/15, o ICMS devido nessas operações e prestações será partilhado entre: (i) o Estado de origem que terá direito ao imposto correspondente à alíquota interestadual; e (ii) o Estado de destino, que terá direito ao imposto correspondente à diferença entre a sua alíquota interna e a alíquota interestadual.

Nesse contexto é que os Estados se uniram para regulamentar a tributação das operações envolvendo softwares adquiridos por *download* (isto é, sem suporte físico), o que resultou na edição do Convênio nº 181, em 29/12/2015, editado pelo Conselho Nacional de Política Fazendária (CONFAZ), que autorizou os Estados a concederem uma redução na base de cálculo nas operações com softwares (entre outras) de tal forma que a carga tributária corresponda ao percentual de, no mínimo, 5% do valor da operação, nos seguintes termos:

> Ficam os Estados do Acre, Alagoas, Amapá, Amazonas, Bahia, Ceará, Goiás, Maranhão, Mato Grosso do Sul, Paraná, Paraíba, Pernambuco, Piauí, Rio de Janeiro, Rio Grande do Norte, Rio Grande do Sul, Santa Catarina, São Paulo, Tocantins autorizados a conceder redução na base de cálculo do ICMS, de forma que a carga tributária corresponda ao percentual de, no mínimo, 5% (cinco por cento) do valor da operação, relativo às operações com softwares, programas, jogos eletrônicos, aplicativos, arquivos eletrônicos e congêneres,

padronizados, ainda que sejam ou possam ser adaptados, disponibilizados por qualquer meio, inclusive nas operações efetuadas por meio da transferência eletrônica de dados.

Na sequência, em 12/01/2016, o Estado de São Paulo internalizou a previsão do mencionado Convênio por meio do Decreto nº 61.791 e reduziu a base de cálculo nas operações com softwares para 5%, mas esclareceu que não será exigido o imposto nos casos de transferência eletrônica de dados *"até que fique definido o local de ocorrência do fato gerador para determinação do estabelecimento responsável pelo pagamento do imposto"*.

Vale destacar, ainda, que tanto o Convênio do CONFAZ quanto o Decreto nº 61.791/2016 do Estado de São Paulo buscam disciplinar as operações não só com softwares, mas também com programas, aplicativos e arquivos eletrônicos de um modo geral, disponibilizados por qualquer meio, inclusive por transferência eletrônica de dados. Nesse sentido, essas normas abrangeriam uma vasta gama de bens digitais.

Paralelamente a isso, com relação ao item (ii) acima, que trata da incidência do ICMS sobre serviços de comunicação, convém destacar que muitos desses bens digitais são oferecidos por empresas de telecomunicação, de modo que muitas vezes essas operações são equiparadas pelo Fisco estadual à prestação do próprio serviço de telecomunicação e são objeto de cobrança pelo ICMS-Comunicação.

Entendemos, contudo, que a materialidade do ICMS-Comunicação está mais afastada das operações envolvendo bens digitais, por inúmeros fundamentos que não comportam maiores digressões no escopo deste trabalho, mas que podem ser resumidos pelo fato de que não se verificam nas operações envolvendo bens digitais os elementos necessários à prestação de serviços de comunicação, que inclusive só podem ser prestados por empresas detentoras dos próprios meios de transmissão dos sinais que permitem a comunicação, conforme se verifica do artigo 2º, inciso III, da Lei Complementar nº 87, de 13 de setembro de 1996 ("LC nº 87/1996"), que dispõe o seguinte:

Art. 2º O imposto incide sobre:

(...)

III – prestações onerosas de serviços de comunicação, por qualquer meio, inclusive a geração, a emissão, a recepção, a transmissão, a retransmissão, a repetição e a ampliação de comunicação de qualquer natureza;

Com relação ao assunto, essas são as considerações feitas pelo Professor José Eduardo Soares de Melo[12]:

> O conceito de "comunicação" (obrigação de fazer) representa o aspecto fundamental para se precisar a essência da materialidade tributária. O fato gerador não ocorre pelo simples ato que torna possível a prestação de serviço de comunicação, sem que os sujeitos dessa relação negocial (prestador e tomador, devidamente determinados) tenham efetiva participação.
>
> Na comunicação é necessária a participação de elementos específicos (emissor, mensagem, canal e receptor), podendo ocorrer (ou não) a compreensão pelo destinatário.
>
> Os *serviços de telecomunicações* são aqueles explorados diretamente pela própria União, ou mediante concessão ou permissão, destinados ao público em geral (Serviço Telefônico Fixo Comutado) segundo regime de Direito Público; enquanto que os serviços privados (não sujeitos à universalização e continuidade) podem ser explorados pelos particulares, mediante autorização (Serviço Móvel Celular) sob regime privado (autonomia da vontade, liberdade de contratação).

No caso das operações envolvendo bens digitais, é necessário que tanto a empresa que comercializa o bem quanto o próprio usuário que fará uso desse bem tenham contratado uma empresa de telecomunicação que lhes forneça conexão à Internet, a qual permitirá a disponibilização do bem digital no ambiente eletrônico e a sua contratação e download pelo usuário que pretende utilizá-lo. Assim, a prestação de serviço de telecomunicação sujeita à incidência do ICMS-Comunicação ocorre de forma prévia à operação com bens digitais.

A questão, portanto, para incidência do ICMS, está muito mais próxima a uma relativização do conceito de mercadoria até então existente, no sentido de se tratar de um bem material e corpóreo, do que para a prestação de um serviço de comunicação. O fornecimento desse bem, contudo, sem que esteja acompanhado de um meio físico, pode muito bem se aproximar do conceito de prestação de serviços de qualquer natureza tributável pelo ISS, como passaremos a expor adiante.

---

[12] Melo, José Eduardo Soares de. **Curso de Direito Tributário**. 10ª ed. São Paulo: Dialética, 2012. p. 523-524.

2.3. O ISS na tributação dos bens digitais

A competência para cobrança do ISS foi atribuída aos Municípios por meio do artigo 156 da Constituição Federal, que prevê a possibilidade de cobrança de imposto sobre *"serviços de qualquer natureza, não compreendidos no art. 155, II, definidos em lei complementar".*

De acordo com esse dispositivo, portanto, os Municípios podem cobrar o ISS sobre serviços de qualquer natureza, desde que estes serviços (i) não estejam inseridos no campo de incidência do ICMS (mencionado no item acima); e, cumulativamente, (ii) estejam previstos em Lei Complementar (atualmente representada pela Lei Complementar nº 116/2003 – LC nº 116/2003) e respectiva Lista de Serviços tributáveis pelo imposto.

Sobre a materialidade do ISS, transcrevemos abaixo trechos importantes dos ensinamentos do Professor José Eduardo Soares de Melo[13] que trazem uma distinção bastante significativa com relação aos conceitos de serviço e de mercadoria:

> O cerne da materialidade do ISS não se restringe a "serviço", mas a uma *prestação de serviço*, compreendendo um negócio (jurídico) pertinente a uma obrigação de "fazer", de conformidade com as diretrizes do Direito Privado.
> (...)
> Ademais, os serviços (obrigação de "fazer") distinguem-se das mercadorias (obrigação de "dar"), sendo irrelevante a significação econômica, os bens utilizados e o fato de se traduzirem em elementos corpóreos. Também, é impertinente aplicar uma teoria da preponderância, com o objetivo de mensurar o custo pertinente ao esforço intelectual e material (*serviço*), e aos bens aplicados (*mercadoria*).

A discussão sobre a amplitude do conceito de serviços tributáveis pelo imposto municipal e a sua diferenciação do campo de incidência do ICMS--Comunicação foi definida pelo Superior Tribunal de Justiça (STJ), quando foram analisados serviços de valor adicionado. No caso, foi analisada a tributação da atividade de provimento de acesso à Internet, em que a Primeira Seção do STJ pacificou o entendimento de que não incide ICMS sobre os serviços de valor adicionado que representam, na prática, mera atividade

---

[13] MELO, José Eduardo Soares de. **Curso de Direito Tributário**. 10ª ed. São Paulo: Dialética, 2012. p. 523-524.

complementar que não configura prestação de serviço de telecomunicação, nos termos do artigo 61 da Lei Geral de Telecomunicações. Vejamos:

EMBARGOS DE DIVERGÊNCIA. RECURSO ESPECIAL. TRIBUTÁRIO. SERVIÇO PRESTADO PELOS PROVEDORES DE ACESSO À INTERNET. ARTIGOS 155, II, DA CONSTITUIÇÃO FEDERAL, E 2º, II, DA LC N. 87/96. **SERVIÇO DE VALOR ADICIONADO. ARTIGO 61 DA LEI N. 9.472/97 (LEI GERAL DE TELECOMUNICAÇÕES).** NORMA N. 004/95 DO MINISTÉRIO DAS COMUNICAÇÕES. PROPOSTA DE REGULAMENTO PARA O USO DE SERVIÇOS E REDES DE TELECOMUNICAÇÕES NO ACESSO A SERVIÇOS INTERNET, DA ANATEL. ARTIGO 21, XI, DA CONSTITUIÇÃO FEDERAL. **NÃO-INCIDÊNCIA DE ICMS.**

(...)

Por outro lado, a **Lei Federal n. 9.472/97,** denominada Lei Geral de Telecomunicações – LGT, no § 1º de seu artigo 61, dispõe que o serviço de valor adicionado "não constitui serviço de telecomunicações, classificando-se seu provedor como usuário do serviço de telecomunicações que lhe dá suporte, com os direitos e deveres inerentes a essa condição". O caput do mencionado artigo define o referido serviço como "a atividade que acrescenta, a um serviço de telecomunicações que lhe dá suporte e com o qual não se confunde, novas utilidades relacionadas ao acesso, armazenamento, apresentação, movimentação ou recuperação de informações. "O serviço prestado pelo provedor de acesso à Internet não se caracteriza como serviço de telecomunicação, porque não necessita de autorização, permissão ou concessão a União, conforme determina o artigo 21, XI, da Constituição Federal.

Não oferece, tampouco, prestações onerosas de serviços de comunicação (art. 2º, III, da LC n. 87/96), de forma a incidir o ICMS, porque não fornece as condições e meios para que a comunicação ocorra, sendo um simples usuário dos serviços prestados pelas empresas de telecomunicações.

(...)

Como a prestação de serviços de conexão à Internet não cuida de prestação onerosa de serviços de comunicação ou de serviços de telecomunicação, mas de serviços de valor adicionado, em face dos princípios da legalidade e da tipicidade fechada, inerentes ao ramo do direito tributário, deve ser afastada a aplicação do ICMS pela inexistência na espécie do fato imponível.

Segundo salientou a Douta Ministra Eliana Calmon, quando do julgamento do recurso especial ora embargado, "independentemente de haver entre o usuário e o provedor ato negocial, a tipicidade fechada do Direito Tributário não permite a incidência do ICMS".

Embargos de divergência improvidos.

(STJ, Embargos de Divergência em RESP nº 456.650/PR, Ministro Relator José Delgado, Primeira Seção, DJ 20.3.2006)

Ainda no julgamento acima, o STJ indicou que (i) os serviços de valor adicionado poderiam estar sujeitos ao ISS quando e se incluídos na Lista de Serviços; bem como que (ii) caso a empresa prestadora dos serviços fornecesse condições e meios para a ocorrência da comunicação, estaríamos diante de hipótese de incidência do ICMS.

Vale destacar que, embora de acordo com esse julgado possa parecer que, em algumas situações específicas, os bens digitais oferecidos por empresas de telecomunicação sejam equiparados à prestação de serviço de telecomunicação, é necessário realizar uma análise de cada caso concreto. Isso porque, nos casos em que a prestação dos serviços de telecomunicação e a prestação de outros serviços é devidamente segregada (por exemplo, por meio de contratos, notas fiscais e demais registros fiscais e contábeis), existe uma prestação de serviços distintos e independente, de modo que não pode haver incidência do ICMS sobre a parcela que não for relativa aos serviços de telecomunicação, mas tão somente do ISS, e desde que essa atividade se enquadre no conceito de prestação de serviços e estiver prevista na Lista de Serviços anexa à LC nº 116/2003.

Com relação a esse aspecto, paralelamente aos movimentos dos Estados na tentativa de regulamentar e tributar as atividades promovidas por meio da Internet, os Municípios também buscaram editar normas com a finalidade de incluir na Lista de Serviços diversas atividades relacionadas à Internet (tais como disponibilização de espaço, disponibilização de aplicativos etc) a fim de que, assim, pudessem tributá-las.

A mais importante dessas normas foi a Lei Complementar nº 157, de 29.12.2016 (LC nº 157/2016), que incluiu na Lista de Serviços diversas atividades desenvolvidas no âmbito da Internet, tais como o processamento, armazenamento e hospedagem de dados (item 1.03), disponibilização de conteúdo (áudio, vídeo, imagens e textos) por meio da Internet (item 1.09), inserção de textos, desenhos e materiais de propaganda e publicidade em quaisquer meios (item 17.25), entre outros. Esses são os itens novos ou cuja redação foi alterada pela LC 157/2016 relacionados à atividades na Internet:

1.03 – Processamento, armazenamento ou hospedagem de dados, textos, imagens, vídeos, páginas eletrônicas, aplicativos e sistemas de informação, entre outros formatos, e congêneres.

1.04 – Elaboração de programas de computadores, inclusive de jogos eletrônicos, independentemente da arquitetura construtiva da máquina em que o programa será executado, incluindo tablets, smartphones e congêneres.

1.09 – Disponibilização, sem cessão definitiva, de conteúdos de áudio, vídeo, imagem e texto por meio da internet, respeitada a imunidade de livros, jornais e periódicos (exceto a distribuição de conteúdos pelas prestadoras de Serviço de Acesso Condicionado, de que trata a Lei no 12.485, de 12 de setembro de 2011, sujeita ao ICMS).

(...)

11.02 – Vigilância, segurança ou monitoramento de bens, pessoas e semoventes.

(...)

17.25 – Inserção de textos, desenhos e outros materiais de propaganda e publicidade, em qualquer meio (exceto em livros, jornais, periódicos e nas modalidades de serviços de radiodifusão sonora e de sons e imagens de recepção livre e gratuita).

Diante dessas considerações, entendemos que, para que possa ocorrer a incidência do ISS sobre bens digitais, é necessário verificar (i) se a atividade está fora do campo de incidência do ICMS; (ii) se o oferecimento de tais bens digitais pode ser considerado como uma prestação de serviços; e, por fim, caso o oferecimento de bens digitais se enquadre no conceito de prestação de serviços, (iii) se esse serviço está previsto de forma expressa na Lista de Serviços do ISS, atualmente anexa à LC nº 116/2003.

2.4. Considerações para solução do conflito "ICMS x ISS" na tributação de bens digitais

Conforme verificamos no cenário exposto acima, as atividades envolvendo bens digitais podem se dividir da seguinte forma com relação à incidência do ICMS e do ISS: (i) ICMS-Mercadorias, incidente sobre a comercialização de bens digitais; (ii) ICMS-Comunicação, incidente sobre a prestação de serviços de telecomunicação por aqueles que possuem infraestrutura para tanto; e (iii) serviços que se encontram no campo de incidência do ISS, inseridos ou não na Lista de Serviços.

Apesar dessa delimitação legal, a determinação da natureza das atividades realizadas no âmbito da Internet não é tarefa fácil, de modo que muitas vezes se torna difícil determinar, com propriedade, se estão inseridas no campo de incidência do ICMS ou do ISS. Isso porque, como mencionamos acima, cada bem digital pode ser oferecido, vendido e usufruído de um jeito diferente dos demais, de modo que a análise de cada caso concreto se faz necessária para que seja possível defender uma ou outra forma de tributação.

Por esse motivo é que a transferência desses produtos oferecidos como bens digitais pode estar sujeita à incidência do ICMS, nos termos das previsões constantes do Convênio CONFAZ 181/2015 e Decreto 61.791/2016, ou do ISS, nos termos da Lista de Serviços prevista na LC nº 116/2003.

Diante das regras de incidência do ICMS, entendemos ser possível definir a classificação das atividades envolvendo bens digitais como uma venda de mercadoria quando for possível verificar, cumulativamente, que (i) a aquisição do produto depende da transferência de um bem digital – software, arquivo eletrônico, aplicativo – ao adquirente; e (ii) o acesso àquele bem deve ser o motivo pelo qual o produto foi contratado.

Nesse contexto, a premissa mencionada no item (ii) é extremamente importante para caracterização da incidência do ICMS porque, nessa hipótese, o download do produto (bem digital) é o próprio fim do que foi contratado pelo adquirente, tal como seria a compra desse produto de forma física. Em outras palavras, o que o cliente busca diretamente nesses casos é o próprio bem objeto da compra ou do download – podendo se classificar, assim, como uma mercadoria, como ocorre, por exemplo, com o download de aplicativos que permitem elaboração de agendas, elaboração de documentos, utilização de ferramentas de melhoria no computador, celular, etc.

Por outro lado, quando essas duas condições – itens (i) e (ii) – não se verificam cumulativamente, é possível concluir que a aquisição do bem se aproximaria muito mais da prestação de um serviço e a sua tributação seria pelo ISS, desde que a atividade esteja prevista na Lista de Serviços. Um exemplo desses casos seria a aquisição de bens que permitem o acesso a vídeos, conteúdo de áudio e imagem, entre outros. Vale ressaltar, contudo, que caso não se verifique previsão da atividade na Lista de Serviços, ela não será passível de cobrança (apesar de caracterizar uma prestação de serviços enquadrada na hipótese de incidência do ISS).

Assim, para definição do conflito entre incidência do ICMS ou do ISS, é necessário avaliar a atividade sob o aspecto da sua utilidade, ou seja, identificar os elementos que compõem esses produtos (bens digitais) e a sua finalidade quanto à utilização pelo seu adquirente. Em resumo, portanto, é necessário verificar o objetivo do download efetuado pelo adquirente: se para uso imediato do próprio produto objeto de download, ou se para acesso a outros conteúdos que não podem ser acessados única e diretamente com o download do produto.

3. Ferramentas para resolução de conflitos internacionais na tributação de bens digitais: ação 1 do BEPS

3.1. Evolução da discussão sobre a tributação do comércio eletrônico no âmbito internacional

Nos últimos anos, o planejamento fiscal de empresas multinacionais tem sido objeto de muito debate. Empresas como Amazon, Apple, Google e Microsoft, por exemplo, foram alvo de fiscalizações sobre o tratamento fiscal conferido às suas atividades e, inclusive, a própria rede Starbucks sofreu forte repressão e protestos em vista do seu planejamento tributário considerado agressivo[14].

A globalização, o avanço tecnológico e a facilidade e rapidez da troca de informações por meio da Internet colocam ainda mais em evidência o planejamento tributário de empresas no âmbito internacional. Isso sem contar o comércio eletrônico, que possibilita a realização de transações, como a compra e venda de produtos e serviços, entre pessoas físicas e jurídicas de países distintos.

---

[14] Sobre o assunto, destacamos algumas notícias interessantes, disponíveis em:
<https://www.theguardian.com/business/2012/dec/08/starbucks-uk-stores-protests-tax>;
<http://www.dailymail.co.uk/news/article-2218819/Starbucks-facing-boycott-tax.html>;
<http://www.dailymail.co.uk/news/article-2606274/Starbucks-pay-tax-Britain-relocates--European-headquarters-London-following-customer-boycott.html>;
<http://www.bbc.com/news/magazine-20560359>;
<http://economia.estadao.com.br/noticias/geral,multinacionais-na-mira-do-fisco-britanico--imp-,961707>;
<http://econotax.com.br/post/planejamento-tributario-e-a-imagem-da-empresaiicaso--starbucks/>
Acessados em 21.06.2017.

Nesse contexto é que a OCDE, por exemplo, passou a desenvolver políticas, conceitos e modelos relacionados à tributação do comércio eletrônico no âmbito internacional. A primeira dessas políticas relacionadas ao comércio eletrônico ocorreu em 1998 com o Acordo de Tributação de Ottawa (*Ottawa Taxation Framework Conditions*)[15], que estabeleceu princípios a serem adotados na tributação desse setor, dentre os quais podemos citar os seguintes: neutralidade (*neutrality*) – que estabelece que não deve haver favorecimento a uma modalidade específica de comércio; eficiência (*efficiency*) – que prevê a necessidade de minimização de custos do cumprimento tributário e da administração dos tributos; certeza e simplicidade (*certainty and simplicity*) – prevê a necessidade de se fazer regras tributárias claras e simples, de modo que possam ser facilmente entendidas e aplicadas; efetividade e equidade (*effectiveness and fairness*) – prevê a necessidade de impor corretamente a carga tributária, considerando ainda a minimização do potencial de evasão e elisão fiscal; e flexibilidade (*flexibility*) – que trata da necessidade de se estabelecer sistemas de tributação dinâmicos, de modo que possam conviver harmonicamente com os desenvolvimentos tecnológicos e comerciais.

Depois disso, foi divulgado também um relatório sobre condições de tributação do comércio eletrônico elaborado pelo Comitê de Assuntos Fiscais da OCDE (*Electronic Commerce: Taxation Framework Conditions – A Report by the Committee on Fiscal Affairs*), que trouxe as seguintes conclusões:

II. Principais conclusões

3. O Comitê de Assuntos Fiscais (CFA) reconhece que as tecnologias subjacentes ao comércio eletrônico oferece às Autoridades Fiscais novas oportunidades para melhorar serviços de contribuintes e os países membros estão comprometidos à explorar essas oportunidades (vide Seção III).

4. Os princípios da tributação que orientam os governos em relação ao comércio convencional também devem orientá-los com relação ao comércio eletrônico. O CFA acredita que, nesta fase de desenvolvimento da área tecnológica e do ambiente comercial, as regras de tributação existentes podem implementar esses princípios.

---

[15] ORGANIZATION FOR ECONOMIC CO-OPERATION AND DEVELOPMENT. *Implementation of the Ottawa Taxation Framework Conditions. The 2003 Report.* Disponível em http://www.oecd.org/tax/administration/20499630.pdf; acessado em 21.06.2017.

5. Esta abordagem não impede novas medidas administrativas ou legislativas, ou alterações às medidas existentes relativas ao comércio electrónico, desde que essas medidas se destinem a auxiliar na aplicação dos princípios de tributação existentes, e não a impor um tratamento fiscal discriminatório do comércio eletrônico.

6. Qualquer disposição para a aplicação destes princípios ao comércio eletrônico adotada no mercado interno e qualquer adaptação dos princípios de tributação internacionais existentes deve ser estruturada para manter a soberania fiscal dos países, para conseguir uma participação justa da base tributária do comércio eletrônico entre países e para evitar a dupla tributação e a não tributação não intencional (ver Seção IV). As autoridades fiscais que atuam na OCDE ou em outros fóruns, devem desempenhar um papel ativo no incentivo aos protocolos e padrões para o comércio eletrônico que sejam compatíveis com esses princípios.

7. O CFA conseguiu chegar a conclusões sobre as condições para um quadro de tributação necessário para implementar estes princípios (ver Seção V). A intensificação da cooperação e da consulta com os negócios será uma parte importante do processo de implementação desses princípios (ver Seção VI).[16]

---

[16] Tradução livre do Autor. Texto original:

"II. Main conclusions

3. The Committee on Fiscal Affairs (CFA) recognises that the technologies which underlie electronic commerce offer Revenue authorities significant new opportunities to improve taxpayer service and Member countries are committed to exploiting fully these opportunities (see Section III).

4. The taxation principles which guide governments in relation to conventional commerce should also guide them in relation to electronic commerce. The CFA believes that at this stage of development in the technological and commercial environment, existing taxation rules can implement these principles.

5. This approach does not preclude new administrative or legislative measures, or changes to existing measures, relating to electronic commerce, provided that those measures are intended to assist in the application of the existing taxation principles, and are not intended to impose a discriminatory tax treatment of electronic commerce transactions.

6. Any arrangements for the application of these principles to electronic commerce adopted domestically and any adaptation of existing international taxation principles should be structured to maintain the fiscal sovereignty of countries, to achieve a fair sharing of the tax base from electronic commerce between countries and to avoid double taxation and unintentional non taxation (see Section IV). Revenue authorities acting within the OECD or other fora, must take an active role in encouraging protocols and standards for electronic commerce which are compatible with these principles.

Adicionalmente a essas ações que vêm sendo discutidas desde 1990, a OCDE passou a desenvolver um trabalho, desde 2013, junto com os países membros do G20[17] com a finalidade de apresentar um Plano de Ação para evitar a evasão fiscal. Esse plano ficou definido como práticas de Erosão da Base Tributária e Transferência de Lucros Tributáveis, conhecido como "BEPS", cuja sigla surgiu da expressão em inglês *"Base Erosion and Profit Shifting"*, que será tratado nos itens abaixo.

3.2. Conceituação do BEPS

Conforme mencionado, o BEPS foi concebido pela OCDE e pelos países do G20, como uma série de estratégias destinadas a minimizar as estratégias de planejamento tributário que exploram lapsos e incongruências na regulamentação fiscal, visando artificialmente fomentar o lucro das multinacionais em diversas jurisdições. Essas estratégias são apresentadas por meio de "Ações", sendo que até o momento já foram aprovadas mais de 15 Ações pela OCDE.

O trabalho que originou o BEPS foi iniciado em 2013, mas apenas em 05 de outubro de 2015 é que a OCDE divulgou as recomendações finais do projeto, posteriormente aprovadas e referendadas pelos representantes dos países integrantes do G20 na Cúpula de Antália, na Turquia, realizada nos dias 15 e 16 de novembro de 2015. É importante destacar que muitos países não integrantes do G20 participaram das discussões e dos trabalhos relacionados ao Projeto do BEPS e apresentaram contribuições. Confira-se abaixo a definição trazida pela OCDE:

> A Erosão da Base Tributária e Transferência de Lucros Tributáveis (BEPS) referem-se às estratégias de evasão fiscal que exploram lacunas e desajustes nas regras tributárias para transferir os lucros artificialmente para locais com taxas baixas ou sem impostos. Sob o quadro inclusivo, mais de 100 países e

---

7. The CFA has been able to reach conclusions on conditions for a taxation framework needed to implement these principles (see Section V). Intensified co-operation and consultation with business will be an important part of the process of implementing these principles (see Section VI)." Disponível em <http://www.oecd.org/tax/consumption/1923256.pdf>; acessado em 21.06.2017.

17 O G20 é composto por 19 países e pela União Europeia, quais sejam: Argentina, Austrália, Brasil, Canadá, China, França, Alemanha, Índia, Indonésia, Itália, Japão, México, Rússia, Arábia Saudita, África do Sul, Coréia do Sul, Turquia, Reino Unido e Estados Unidos da América.

jurisdições estão colaborando para implementar as medidas BEPS e enfrentar BEPS.[18]

Com relação ao Plano de Ação para o BEPS, a OCDE buscou focar as ações em 3 (três) aspectos principais, quais sejam, substância, coerência do sistema tributário internacional e transparência. Nesse sentido, as ações com foco em "substância" procuram alinhar o poder de tributar com a atividade geradora de valor ao negócio, de modo a abranger questões relacionadas ao abuso na utilização de tratados internacionais, consistência entre alocação de riscos e conduta realizada em Preços de Transferência, caracterização e tratamento de estabelecimentos permanentes[19].

As ações com foco no aspecto da "coerência", por sua vez, têm por objetivo a neutralização de lacunas e "buracos negros" (*black holes*) nas legislações domésticas que possam causar assimetria no tratamento tributário de determinadas operações, bem como questões envolvendo entidades e instrumentos híbridos, juros, deduções financeiras, regras de CFC ("*Controlled Foreign Companies*) e práticas tributárias danosas.

Por fim, as ações com foco em questões relacionadas à "transparência" buscam estimular a divulgação de informações relevantes sobre as operações das empresas, relatórios por país a serem entregues às respectivas autoridades fiscais, informações sobre preços de transferência e de planejamentos tributários. Além desses três pilares, os planos do BEPS têm por objetivo ainda buscar formas de melhoria para os desafios encontrados no comércio eletrônico, melhorar os procedimentos relacionados a litígios internacionais e criar instrumentos multilaterais para adequar tratados bilaterais de bitributação à legislação doméstica dos países.

---

[18] Tradução livre do Autor. Transcrevemos a seguir o texto original:
"Base erosion and profit shifting (BEPS) refers to tax avoidance strategies that exploit gaps and mismatches in tax rules to artificially shift profits to low or no-tax locations. Under the inclusive framework, over 100 countries and jurisdictions are collaborating to implement the BEPS measures and tackle BEPS." Disponível em <http://www.oecd.org/tax/beps/>; acessado em 21.06.2017.

[19] PRICEWATERHOUSE COOPERS BRASIL. BEPS – Novos desafios para a tributação internacional. Datado de maio/2017.

As 15 ações do BEPS são as seguintes[20]:

- Ação 1 – Economia Digital: Os desafios tributários encontrados na economia digital (*"Addressing The Tax Challenges Of The Digital Economy"*);
- Ação 2 – Instrumentos Híbridos: Neutralizando os efeitos dos desencontros de arranjos híbridos (*"Neutralising The Effects Of Hybrid Mismatch Arrangements"*);
- Ação 3 – Regras de CFC: Desenvolvendo regras eficientes para CFC (*"Designing Effective Controlled Foreign Company (CFC) Rules"*);
- Ação 4 – Deduções de juros: Limitando a erosão da base relacionado à dedução de juros e outros pagamentos de origem financeira (*"Limiting Base Erosion Involving Interest Deductions And Other Financial Payments"*);
- Ação 5 – Práticas Tributárias Danosas: Compreendendo práticas tributárias nocivas de forma mais eficiente, levando em conta a transparência e substância (*"Countering Harmful Tax Practices More Effectively, Taking Into Account Transparency And Substance"*);
- Ação 6 – Abuso de Tratados: Prevenindo a concessão de benefícios inapropriados em tratados internacionais (*"Preventing The Granting Of Treaty Benefits Inappropriate Circumstances"*);
- Ação 7 – Estabelecimento Permanente: Prevenindo a evolução artificial do status de estabelecimento permanenete (*"Preventing The Artificial Avoidance Of Permanent Establishment Status"*);
- Ação 8 a 10 – Preço de Transferência: Alinhando resultados de preços de transferência com a criação de valor (*"Aligning Transfer Pricing Outcomes With Value Creation"*);
- Ação 11 – Análise de Data do BEPS: Medindo e monitorando o BEPS ("Measuring And Monitoring Beps");
- Ação 12 – Planejamento Fiscal Agressivo: Regras de Divulgação Obrigatórias ("Mandatory Disclosure Rules");
- Ação 13 – Documentação de Preço de Transferência: Documentação de preço de transferência e relatórios país-a-país (*"Transfer Pricing Documentation And Country-By-Country Reporting"*);
- Ação 14 – Resolução de Conflitos: Tornando os mecanismos de resolução de conflitos mais eficazes (*"Making Dispute Resolution Mechanisms More Effective"*); e

[20] Disponível em < http://www.oecd.org/tax/beps/beps-actions.htm>; Acessado em 21.06.2017.

ASPECTOS RELEVANTES DA TRIBUTAÇÃO DE BENS DIGITAIS

- Ação 15 – Instrumentos Multilaterais: Convenção multilateral para implementar o tratamento tributário relacionado às medidas para evitar a erosão da base fiscal e de lucros (*"Multilateral Convention To Implement Tax Treaty Related Measures To Prevent Beps"*).

Embora essas medidas adotadas no Brasil não sejam diretamente referentes ao tema objeto do presente trabalho, a sua importância é notável na medida em que demonstram não apenas o interesse da legislação do país estar em consonância com as normas e princípios de tributação internacional, como também representam um precedente para o surgimento de novas normas internas relacionadas inclusive à tributação da economia digital.

3.3. Ação 1 do BEPS: Desafios tributários na economia digital[21]

A Ação 1 do BEPS trata dos desafios relacionados à tributação do comércio eletrônico e tem por objetivos identificar os principais obstáculos da aplicação das regras de tributação internacional, bem como desenvolver soluções para essas dificuldades[22].

Esse tema foi considerado relevante nos estudos feitos pela OCDE para elaboração do Plano de Ação na medida em que a economia digital, resultante do processo de evolução e transformação da Tecnologia de Informação e Comunicação (ICT – "Information and Communication Technology"), fez com que a tecnologia se tornasse mais barata, eficaz, amplamente padronizada, bem como proporcionou o desenvolvimento de negócios e inovação de todos os setores da economia.

O crescimento da economia digital, que acontece de forma rápida e dinâmica, faz com que ela se confunda com a própria economia nos padrões até então conhecidos, sendo uma tarefa extremamente difícil diferenciá-las para fins tributários. Os aspectos de negócios apresentados pela econo-

---

[21] As informações constantes deste subcapítulo foram obtidas essencialmente no Relatório Final da Ação 1 do BEPS, publicado em 02 de outubro de 2015 e divulgado em sua integralidade no site da OCDE. Disponível no link < http://www.keepeek.com/Digital-Asset-Management/oecd/taxation/addressing-the-tax-challenges-of-the-digital-economy-action-1-2015-final-report_9789264241046-en#.WUsN2OvytQI>; Acessado em 21.06.2017.

[22] Conforme esclarecimento da OCDE: "Action 1 addresses the tax challenges of the digital economy and identifies the main difficulties that the digital economy poses for the application of existing international tax rules. The Report outlines options to address these difficulties, taking a holistic approach and considering both direct and indirect taxation."; Disponível em http://www.oecd.org/tax/beps/beps-actions.htm>; Acessado em 21.06.2017.

mia digital, inclusive, trazem relevantes consequências sob as perspectivas tributárias.

Isso porque esses aspectos dizem respeito à mobilidade, dependência de dados, eficiência de rede, surgimento de diferentes formas de negócios e volatilidade do mercado. Esses modelos de negócios, por sua vez, incluem uma variedade de formas de comércio eletrônico, aplicativos de lojas para venda de produtos, publicidade online, computação nas nuvens, transações de alta velocidade e serviços de pagamento online, que constituem essencialmente os meios de comercialização e utilização de bens digitais, bem como os próprios bens digitais de que trata esse trabalho.

O que se verifica, portanto, é uma preocupação na imposição de regras que permitam de forma eficaz a real delimitação das atividades prestadas dentro do comércio digital, de modo que seja possível verificar com clareza as atividades "meio" e as atividades "fim" de cada operação, bem como as empresas que efetivamente participam das operações e o seu grau de participação, determinando, assim, o local em que as receitas devem ser tributadas.

O Relatório Final da Ação 1 do BEPS traz as seguintes questões, enumeradas em capítulos: (i) introdução aos desafios da tributação da economia digital (Capítulo 1); (ii) visão geral dos princípios fundamentais da tributação, focando ainda na diferença entre impostos diretos e indiretos, os conceitos relacionados a essas questões e os tratados de bitributação (Capítulo 2); (iii) os possíveis desenvolvimentos futuros do assunto (Capítulo 3); (iv) discussão sobre o impacto da ICT no mundo, considerando exemplos de negócios e identificando as características principais da economia digital (Capítulo 4); (v) descrição detalhada dos elementos principais das estratégias do BEPS na economia digital (Capítulo 5); (vi) discute o endereçamento das estratégias do Plano de Ação do BEPS (Capítulo 6); (vii) discute os maiores desafios tributários causados pela economia digital e as opções de como endereçar essas questões dentro da força tarefa do Plano de Ação na área de impostos sobre a renda (Capítulo 7) e impostos indiretos (Capítulo 8); (viii) avaliação das maiores questões relacionadas aos impostos diretos e indiretos na economia digital e a forma de endereçar essas questões (Capítulo 9); e, por fim, (ix) as conclusões alcançadas pela força tarefa, com a determinação dos próximos passos a serem tomados (Capítulo 10).

Trata-se, portanto, de um trabalho extenso e pormenorizado de todos os aspectos relacionados às dificuldades da tributação da economia digital no âmbito internacional, que abrange desde os aspectos do surgimento e crescimento desse novo tipo de negócios até os seus futuros possíveis desenvolvimentos e possíveis soluções para os problemas encontrados. Não é possível, neste presente trabalho, endereçarmos todas as questões relacionadas à Ação 1 do BEPS, mas a intenção de trazer o assunto se dá pela importância e atualidade do tema.

O Relatório Final da OCDE traz a definição do comércio eletrônico, já apontada anteriormente, como sendo uma transação de produtos e serviços conduzida por uma rede de computadores com métodos designados especificamente para fazer ou receber pedidos. Nesse sentido, os produtos e serviços são adquiridos por esse método, mas o pagamento e recebimento não ocorrem necessariamente dessa forma. Apenas com relação aos bens digitais é que o pagamento e a entrega ocorrem de forma online, de modo que a transação com esse tipo de bem é feita totalmente em meio eletrônico (Internet).

A OCDE aponta, ainda, as principais formas de comércio eletrônico como sendo aquelas realizadas entre empresas, grupos, indivíduos, entidades do governo e outras entidades privadas. Com relação aos negócios realizados no meio eletrônico, o Relatório Final da OCDE aponta como principais os serviços de pagamento online, lojas de aplicativos (*app stores*), publicidade online, computação nas nuvens (*cloud computing*), entre outros.

Assim, as principais características da economia digital consistem na (i) mobilidade, relacionada especialmente à intangibilidade dos bens objeto das transações, usuários e funções de negócios; (ii) apoio essencial nos dados (*data information*), que inclui a "*big data*", muito discutida atualmente; (iii) efeitos da rede de Internet, que se refere à participação e integração de usuários; (iv) utilização de modelos de negócios com diversos aspectos diferentes; (v) tendência ao monopólio ou oligopólio com relação a determinados modelos de negócios; e (vi) volatilidade das transações, tendo em vista a quebra de barreiras por meio da Internet e do desenvolvimento tecnológico.

As principais preocupações levantadas no Relatório com relação à economia digital é o risco de que as empresas (i) se estruturem de forma a evitar uma presença negocial que permita a tributação das suas atividades; (ii) minimizem as suas receitas por meio da segregação de atividades em determinadas jurisdições; (iii) aumentem as deduções relacionadas a pagamentos realizados entre empresas do mesmo grupo, como paga-

COMPUTAÇÃO, COMÉRCIO ELETRÔNICO E PRESTAÇÃO DE SERVIÇOS DIGITAIS

mentos de juros, royalties, taxas de serviços, entre outros; (iv) evitem a retenção de impostos na fonte por meio da estruturação societária com empresas de fachada, localizadas em países cuja carga tributária é mais benéfica; (v) eliminem ou reduzam a tributação por meio de países intermediários, utilizando instrumentos híbridos de organização; e (vi) eliminem ou reduzam a tributação no país de residência na última empresa do grupo; entre outros.

As constatações desses riscos realizadas no âmbito das pesquisas promovidas pela OCDE que fizeram com que se levassem em consideração no Plano de Ação algumas propostas para solução de possíveis evasões fiscais na economia digital, dentre as quais podemos citar:

(i) modificação da lista de exceções à definição de estabelecimento permanente, a fim de se assegurar que cada uma dessas exceções estejam restritas às atividades com caráter preparatório ou auxiliar, introduzindo uma nova regra antifragmentação de atividades, a fim de garantir que não seja possível a utilização do benefício de exceção à regra de estabelecimento permanente nos casos em que houver a mera fragmentação do modelo de negócios, ou das atividades, dentro de empresas que na verdade estão intimamente relacionadas;

(ii) também foi acordada a modificação das definições de estabelecimento permanente para afastar a possibilidade de empresas dentro de um grupo realizarem arranjos artificiais na prestação de serviços ou venda de bens e produtos com a finalidade de transferir a contratação dessa operação a uma determinada empresa cujo regime tributário seria mais benéfico. Na economia digital, essa situação é um risco à evasão fiscal na medida em que nas operações realizadas por comércio eletrônico com bens intangíveis (bens digitais) não se verifica um estabelecimento físico e o recebimento físico de bens, ou mesmo uma percepção física de um serviço prestado, de modo que podem ser facilmente atribuídas as receitas decorrentes dessas operações à empresa localizada em uma jurisdição de tributação mais favorecida;

(iii) nas regras de preço de transferência revisadas pela OCDE, da mesma forma, foi determinado de forma clara que a mera propriedade legal não gera necessariamente, por si só, o direito ao retorno financeiro decorrente da exploração de bens intangíveis, como são os bens digitais; e, por fim,

(iv) com relação às regras de CFC, as recomendações da OCDE foram no sentido de que se estabelecessem regras e definições que submetessem as receitas decorrentes do comércio digital à tributação da jurisdição onde se localiza a empresa final.

Os próximos passos para o Plano de Ação 1 do BEPS, de acordo com o Relatório Final divulgado pela OCDE, vão no sentido de que se dê continuidade ao trabalho de acompanhamento do projeto, o que foi feito em 2016 com a revisão e complementação de Ações, bem como a implantação e monitoramento do pacote de medidas pelos países. Agora é necessário que os países deem continuidade à implantação dessas medidas e publicidade aos passos que forem tomados, de modo a possibilitar a ampla aplicação do Plano de Ação em âmbito internacional.

3.4. Impactos da Ação 1 do BEPS no Brasil

Embora o Brasil não seja membro da OCDE, o país participou dos debates e está buscando refletir essas estratégias em sua regulamentação na extensão possível, como se verifica, por exemplo, das seguintes alterações legislativas:

(i) Medida Provisória nº 685, de 21 de julho de 2015 ("MP nº 685/15"), que apesar de não ter sido convertida em lei, visava estabelecer mecanismo de declaração obrigatória de planejamentos tributários (Ação 12);

(ii) Instrução Normativa nº 1.658/16, que apresentou o conceito de atividade econômica substantiva com a finalidade de identificar regimes fiscais privilegiados (Ação 5);

(iii) Instrução Normativa nº 1.669/16, que dispõe sobre o procedimento amigável para resolução de conflitos interpretativos a respeito de Tratados (Ação 14);

(iv) Instrução Normativa nº 1.680/16, que trata da identificação de contas financeiras em conformidade com o Padrão de Declaração Comum (Common Reporting Standard – CRS), que, apesar de não constar expressamente no Plano de Ação do BEPS, também consiste em uma iniciativa da OCDE para troca de informações entre fiscos, como são os objetivos do BEPS;

(v) Instrução Normativa nº 1.681/16, que instituiu e disciplina a Declaração País-a-País (Country-by-Country Report – CBCR) (Ação 13); e

(vi) o projeto da Instrução Normativa disponível para Consulta Pública nº 11, de 7 de novembro de 2016, que trata do intercâmbio automático de soluções de consulta e similares entre fiscos de outros países (Ação 5).

Com relação à Ação 1 especificamente, até o momento não há na legislação brasileira nenhuma regulamentação a respeito dos mercados digitais e das transações envolvendo bens digitais. O que existe hoje são discussões de cunho nacional com relação à incidência de tributos sobre essas transações, sendo que, como mencionado acima, existe um conflito entre Estados e Municípios para tributação dessas receitas pelo ICMS e ISS e, no âmbito federal, existem Soluções de Consulta emitidas pela Secretaria da Receita Federal do Brasil que, da mesma forma, trazem o seu entendimento sobre a tributação de bens digitais.

Apenas a título exemplificativo, podemos citar algumas Soluções de Consulta recentes sobre a tributação de *software*: (i) Solução de Consulta nº 230/2017, que trata da necessidade de retenção do IRRF, CSL, PIS e COFINS na comercialização de *software* de prateleira, licenciamento permanente e temporário de *software* de uso geral e não exclusivo e manutenção e suporte técnico remoto desse tipo de *software*; (ii) Solução de Consulta nº 231/2017, que analisa a tributação da revenda de *software* de prateleira com suas licenças definitivas ou temporárias, inclusive quando baixadas em link disponibilizado pelo próprio fabricante do *software*; (iii) Solução de Consulta nº 235/2017, que trata da venda de programa de computador adaptado (isto é, *software* customizável) e da prestação de serviços técnicos para manutenção do programa contratado pelo cliente; entre outras.

Diante desse cenário, é possível identificar a intenção do país de adaptar sua legislação interna às normas e princípios internacionais, em especial às medidas do BEPS, mas tendo em vista a atualidade do tema e em especial as inovações tecnológicas trazidas pelos bens digitais, é difícil definir ou antecipar exatamente quais serão as mudanças práticas que serão enfrentadas pelos contribuintes, inclusive tendo em vista os conflitos tributários existentes internamente, como apontado acima.

Conclusão

A Internet surgiu com o desenvolvimento tecnológico da União Soviética e dos Estados Unidos durante a Guerra Fria (1945-1991) e foi aperfeiçoada por estudos desenvolvidos no MIT, na Universidade da Califórnia em Los Angeles e no Instituto de Pesquisa de Stanford, chegando ao Brasil na década de 1980.

Junto a esse desenvolvimento, amplificaram-se as formas de comércio para que essas transações passassem a ser realizadas no ambiente da Internet. Com isso, surgiu o comércio eletrônico, que de acordo com a definição da OCDE, consiste em uma transação de produtos e serviços conduzida por uma rede de computadores com métodos designados especificamente para fazer ou receber pedidos. Os pedidos de produtos e serviços são feitos por meio dessa rede de computadores, mas o seu pagamento e a sua entrega não são feitos necessariamente de forma online.

Desenvolveram-se, assim, modelos de negócios classificados como (i) *business-to-consumer* ("B2C") quando ocorrer entre a empresa e o consumidor direto do bem ou serviço; (ii) *business-to-business* ("B2B") quando ocorrer entre empresas; ou (iii) *consumer-to-consumer* n as situações em que ocorrer diretamente entre consumidores, pessoas físicas, como por exemplo se verifica no caso de classificados, brechós, entre outros.

A forma de comércio eletrônico passou a ser dividida ainda em (i) indireta ou imprópria, se referindo às situações em que a Internet é utilizada apenas como meio de aquisição de um produto ou serviço que é entregue de forma pessoal pelos meios convencionais de transporte, ou seja, são comercializados bens tangíveis cuja venda é efetuada através do contato entre fornecedor e consumidor, equiparando-se a outras formas indiretas de comércio não presenciais, como por exemplo, o catálogo, telemarketing, fax, etc.; e (ii) direta ou própria, se referindo às situações em que tanto a comercialização quanto a entrega do bem ou do serviço ocorrem de forma digital, de modo que os produtos ou serviços objeto da aquisição são intangíveis, como músicas, filmes, jogos, a realização de treinamentos e prestação de consultorias, entre outros de conteúdo digital.

As discussões tributárias surgem no comércio eletrônico direto, em que ocorre a comercialização de bens e serviços intangíveis, uma vez que nessa hipótese há dificuldade com relação à classificação da natureza jurídica dessa operação, em especial ante a ausência de normas que tratem dessas hipóteses específicas, o que dificulta ainda mais a definição quanto à tributação dessas operações.

Os bens digitais são bens incorpóreos existentes no mundo virtual, tais como músicas, livros, jogos e programas de computador (*software*), que são adquiridos por meio da Internet e utilizados de forma digital. Esses bens são passíveis de proteção pela Lei de Direitos Autorais e pela Lei do Software, por exemplo, mas ainda assim há muita discussão sobre o seu enquadramento em (i) um regime jurídico próprio; (ii) subsunção ao regime jurídico dos Direitos Autorais; (iii) subsunção ao regime aplicável à propriedade industrial; e (iv) um regime jurídico misto.

Essa problematização traz à tona a discussão quanto à incidência do ICMS e do ISS, gerando conflitos de competência entre Estados e Municípios para tributação dessas atividades, uma vez que os Estados tentam enquadrar as transações com bens digitais como uma operação de compra e venda de mercadorias e de serviços de comunicação, e os Municípios tentam enquadrar essa atividade como uma prestação de serviços sujeita ao ISS.

Diante da jurisprudência e legislação que regulamenta a incidência desses dois impostos, entendemos que as atividades envolvendo bens digitais poderiam ser enquadradas como uma venda de mercadoria nas hipóteses em que for possível verificar, cumulativamente, que (i) a aquisição do produto depende da transferência de um bem digital – software, arquivo eletrônico, aplicativo – ao adquirente; e (ii) o acesso àquele bem deve ser o motivo pelo qual o produto foi contratado.

No entanto, ausentes essas duas condições – itens (i) e (ii) – entendemos ser possível concluir que a aquisição do bem se aproximaria muito mais da prestação de um serviço e a sua tributação seria pelo ISS, desde que a atividade esteja prevista na Lista de Serviços.

No âmbito internacional, a questão tem gerado muitos conflitos na medida em que o comércio eletrônico de bens digitais, pela sua intangibilidade, dá margem a planejamentos tributários agressivos, o que vem causando muito debate e até mesmo repressão e protestos por parte da população, como ocorreu com a rede Starbucks alguns anos atrás.

Nesse contexto, a OCDE tem buscado desenvolver políticas, conceitos e modelos relacionados à tributação do comércio eletrônico no âmbito internacional, sendo a mais recente delas o Plano de Ação para evitar a evasão fiscal definido como práticas de Erosão da Base Tributária e Transferência de Lucros Tributáveis, conhecido como "BEPS", cuja sigla surgiu da expressão em inglês *"Base Erosion and Profit Shifting"*.

A Ação 1 desse Plano de Ação do BEPS trata dos desafios relacionados à tributação do comércio eletrônico e tem por objetivos identificar os principais obstáculos da aplicação das regras de tributação internacional, bem como desenvolver soluções para essas dificuldades, como (i) alterações no conceito de estabelecimento permanente; (ii) revisão de regras de preço de transferência; e (iii) revisão de regras de CFC.

O Brasil participou ativamente dos debates que precederam esse Plano de Ação e já implementou na legislação algumas normas visando congruência com as ações do BEPS, mas com relação à Ação 1 para economia digital ainda não foi editada nenhuma regulamentação específica. É necessário, assim, acompanhar o assunto e o desenvolvimento das discussões tanto no país quanto em âmbito internacional para que a legislação possa se adaptar de forma expressa a essas novas atividades, que continuam se desenvolvendo de forma rápida, trazendo cada vez mais novos produtos ao mercado.

Referências

Livros e artigos

BITTAR, Carlos Alberto. A Lei do "software" e seu regulamento. In: SANTOS, Bruno Damasceno Ferreira. Artigo publicado no site Conteúdo Jurídico: **Bem digital – natureza e regime jurídico do objeto do comércio eletrônico on-line**. Datado de 28.05.2014.

FERREIRA, Aurélio B. de Hollanda. **Mini Aurélio – O Dicionário da Língua Portuguesa**. 7 ed. Curitiba: Ed. Positivo, 2008.

REQUIAO, Rubens. **Curso de Direito Comercial – Vol. 1**. 26ª ed. Ed. Saraiva, 2005.

ALBERTIN, Alberto Luiz. Comércio eletrônico: modelo, aspectos e contribuições de sua aplicação, 2002. In: BRAGHETTA, Daniela de Andrade. **Tributação no comércio eletrônico** à luz da teoria comunicacional do direito. São Paulo: Quartier Latin. 2003.

BRAGHETTA, Daniela de Andrade. **Tributação no comércio eletrônico** à luz da teoria comunicacional do direito. São Paulo: Quartier Latin. 2003.

CEZAROTI, Guilherme. **ICMS no comércio eletrônico**. São Paulo: MP Editora, 2005.

WALD, Arnoldo. **Direito Civil – Introdução e Parte Geral**. 9ª ed. São Paulo: Saraiva, 2002.

EMERENCIANO, Adelmo Silva. Tributação no Comércio Eletrônico. In: CARVALHO, Paulo de Barros (Coord.). Coleção de Estudos Tributários. In: SANTOS, Bruno Damasceno Ferreira. Artigo publicado no site Conteúdo Jurídico: **Bem digital – natureza e regime jurídico do objeto do comércio eletrônico on-line**. Datado de 28.05.2014.

SANTOS, Bruno Damasceno Ferreira. Artigo publicado no site Conteúdo Jurídico: **Bem digital – natureza e regime jurídico do objeto do comércio eletrônico on-line**. Datado de 28.05.2014.

MELO, José Eduardo Soares de. **Curso de Direito Tributário**. 10ª ed. São Paulo: Dialética, 2012.

PRICEWATERHOUSE COOPERS BRASIL. BEPS – Novos desafios para a tributação internacional. Datado de maio/2017.

Sites
<www.internetworldstats.com>
<http://www.internetworldstats.com/stats15.htm#southhttps://idg.receita.fazenda.gov.br/sobre/institucional/memoria/imposto-de-renda/historia/1997-a-2014-o-avanco--tecnologico-seguranca-rapidez-e-facilidade-no-preenchimento-e-na-entrega-da--declaracao>
<https://stats.oecd.org/glossary/detail.asp?ID=4721>
<https://www.theguardian.com/business/2012/dec/08/starbucks-uk-stores-protests-tax>
<http://www.dailymail.co.uk/news/article-2218819/Starbucks-facing-boycott-tax.html>
<http://www.dailymail.co.uk/news/article-2606274/Starbucks-pay-tax-Britain-relocates--European-headquarters-London-following-customer-boycott.html>
<http://www.bbc.com/news/magazine-20560359>
<http://economia.estadao.com.br/noticias/geral,multinacionais-na-mira-do-fisco-britanico-imp-,961707>
<http://econotax.com.br/post/planejamento-tributario-e-a-imagem-da-empresaiicaso--starbucks/>
<http://www.oecd.org/tax/administration/20499630.pdf>
<http://www.oecd.org/tax/consumption/1923256.pdf>
<http://www.oecd.org/tax/beps/>
< http://www.oecd.org/tax/beps/beps-actions.htm>
<http://www.keepeek.com/Digital-Asset-Management/oecd/taxation/addressing-the-tax-challenges-of-the-digital-economy-action-1-2015-final--report_9789264241046-en#.WUsN2OvytQI>

A Tributação de Computação em Nuvem e Streaming à Luz da Legislação do Imposto sobre Serviços e do Imposto sobre Circulação de Mercadorias e Prestação de Serviços de Transporte Interestadual e Intermunicipal e Serviços de Comunicação

MARIANA QUINTANILHA DE ALMEIDA

Introdução

Tema de grande relevância e necessidade no atual cenário tributário, a tributação de streaming e computação em nuvem, vem desafiando autoridades fiscais no enquadramento dessas novas tecnologias face as regras tributárias preexistentes.

Nas últimas décadas as relações de consumo evoluíram junto aos meios de telecomunicações, tendo os meios eletrônicos alterado sensivelmente essas relações comerciais e, em consequência, as relações jurídicas.

O que se observa é uma tendência de aludidas relações deixaram de ser iminentemente presenciais, assumindo uma forma não física, vale dizer: a existência de uma loja física que contenha os objetos de consumo não se faz mais necessária e, tampouco, isto é uma exigência ou pré-requisito para os consumidores.

Atualmente, diversas relações jurídico-comerciais são estabelecidas em ambientes virtuais, que transpõem presenças físicas e tornam as relações de consumo muito mais dinâmicas.

Nesses casos, a globalização das relações interpessoais aproximou redes e sistemas de comunicação via internet, facilitando relações de consumo que outrora eram inimagináveis.

Nos dias atuais, por exemplo, é possível que um consumidor brasileiro adquira produtos diretamente de outros países pela internet e sem sair de sua casa ou trabalho, realizando-as pelo computador, tablet, celular ou outra plataforma eletrônica que coloquem as partes interessadas em contato e possibilite a comunicação.

Essa nova dinâmica de relacionamento e consumo via internet vem desafiando o Direito Tributário no que tange a regularização de tais relações face aos conceitos e institutos desse ramo do direito.

Como leciona o Professor Heleno Taveira Torres[1], entre os principais questionamentos está aquele relacionado à natureza e profundidade que essas novas formas de se relacionar e consumir irão provocar.

Assim, indaga-se justamente a extensão das mudanças propiciadas pela computação em nuvem e pelo streaming no que se refere às legislações e regras postas.

Nesse sentido, o professor Heleno Taveira Torres traz à discussão se tais tecnologias representam apenas mais um conjunto de técnicas que irão somar-se a outras já existentes, ou se estas irão produzir uma alteração significativa nos fatores produtivos e, em consequência, nos conceitos aplicados às relações de direito tributário.

Por ora, partindo de uma análise inicial é possível deslumbrar que as operações realizadas através da computação em nuvem e do streaming apresentam particularidades em face daquelas preexistentes, em que se destaca:

i) Bens e serviços podem ser disponibilizados por meio eletrônico caso encontrem-se de forma digitalizada, por exemplo: livros, músicas, vídeos entre outros;

ii) As relações de consumo não são presenciais;

iii) Em função da relação de consumo através da computação em nuvem e do streaming, não é necessária a presença física da empresa fornecedora do bem ou do serviço para realização do negócio. Vale dizer: a empresa estrangeira, por exemplo, não precisa ter uma loja no Brasil;

iv) Os próprios pagamentos são feitos de forma eletrônica.

---

[1] Torres, Heleno Taveira – Direito Tributário das Telecomunicações e Satélites; Quartier Latin; Versão 2007.

Em virtude da conjuntura exposta, o Direito das Telecomunicações aliado ao Direito Tributário vem tentando condensar as novas tecnologias como o streaming e a computação em nuvem nas normas preexistentes.

Por vezes, o Direito busca adequar as normas legais para abranger a nova forma de se comunicar, bem como busca adequar essas normas à relação jurídica estabelecida pelo comércio eletrônico, preenchendo eventuais lacunas. Por outras, vê-se que são inseridas novas regras ao ordenamento jurídico.

Portanto, um dos grandes desafios atuais é estabelecer se a computação em nuvem e o streaming aplicadas ao comércio eletrônico figuram como serviço e, portanto, tributadas pelo Imposto Sobre Serviços ("ISS"), ou se estas se enquadram, na verdade, como serviço de comunicação e, por sua vez, seriam tributadas pelo Imposto sobre Circulação de Mercadorias e Prestação de Serviços de Transporte Interestadual e Intermunicipal e Serviços de Comunicação ("ICMS").

Atualmente não existem regras específicas no Direito Tributário brasileiro para dirimir essas questões e, tampouco, os Tribunais Superiores já às encararam.

O que se tem notado é uma movimentação por parte dos entes federativos para aprovar alterações na legislação regente a fim de adequa-las a abarcar a computação em nuvem e o streaming nos respectivos textos legais.

Verifica-se que essa preocupação de normatizar a computação em nuvem e o streaming não se restringe ao Brasil. Essa é uma discussão de nível global que vem ganhando espaço no sentido de evitar a erosão fiscal em função do comércio eletrônico.

Tanto é assim, que desde a reunião do G20 ocorrida em 2012 no México, dois temas tributários entraram na agenda de discussões do Grupo: (i) transparência fiscal; e (ii) planejamento tributário.

A transparência fiscal defendida pelos países que integram o G20 é aquela relacionada as informações dos contribuintes, ou seja, o pleno acesso das autoridades aos dados de todas as riquezas tributáveis de cada contribuinte.

Frise-se que tal acesso não se restringe às informações bancárias, mas acesso geral e irrestrito a todo e qualquer fator econômico que possa ensejar a tributação.

Nesse sentido, há muitos anos a Organização para a Cooperação e Desenvolvimento Econômico ("OCDE") criou um foro de discussão sobre os problemas gerados pela falta de coordenação e cooperação entre os fiscos, bem como sobre as soluções para enfrentar esses problemas.

Nessa esteira a OCDE se mobilizou para propor soluções para a perda de arrecadação em virtude das relações jurídicas que se dão de forma virtual, dando início ao projeto *BEPS – Base Erosion and Profit Shifting*, com suporte do G20.

A principal finalidade do BEPS é evitar que empresas multinacionais, mediante o uso de estruturas legais façam com que lucros sejam direcionados para jurisdições com tributações mais favoráveis.

Assim, no âmbito do BEPS foi proposto um plano de ação[2], publicado em julho de 2013, que dentre outras frentes de trabalho propõe debater os desafios tributários da economia digital, com a produção de relatório detalhado identificando os problemas criados com a economia digital (e aqui se inclui as relações através da computação em nuvem e do streaming) e possíveis ações para abordá-los.

De aludido plano de ação depreende-se a preocupação em âmbito global de regulamentar as relações que ocorrem via comércio eletrônico, a fim de não perder arrecadação.

Face a esta breve introdução pode-se perceber a importância e necessidade de se analisar a computação em nuvem e o streaming a luz da legislação do ICMS e ISS no ordenamento jurídico nacional.

1. Do direito das telecomunicações

A Constituição Federal de 1988 preocupou-se em proteger o direito de comunicação ao estabelecer em seu artigo 5º, inciso IV, que é livre a manifestação do pensamento.

Heleno Taveira Torres, citando trabalho de Pedro Gonçalves delimita que o conceito de telecomunicação pode ser entendido como uma forma de comunicação, dentre outros conceitos.

Pois bem, a telecomunicação como uma comunicação baseia-se em qualquer transmissão, emissão ou recepção de sinais, escrita, imagens,

---

[2] OECD (2013), *Action Plan on Base Erosion and Profit Shifting*, OECD Publishing. *http://dx.doi.org/10.1787/9789264202719-en.*
Versão em Português: OCDE (2014). *Plano de ação para combate à erosão da base tributária e à transferência de lucros.* Paris: OECD Publishing. http://dx.doi.org/10.1787/9789264207790-pt

sons ou informações através de fios, sistemas ópticos, meios de radiofrequência, redes ou outros sistemas.

Nos ensinamentos do professor Heleno Taveira Torres:

"Telecomunicações prestam-se não como permitir a comunicação entre ausentes, superando distâncias, o que exige meios para tal fim, porque, como é sabido, toda a comunicação pressupõe os mesmos elementos de um ato de conhecimento: emissor, receptor, uma mensagem, um canal de transmissão da mensagem"

Por sua vez, Paulo de Barros Carvalho ensina que[3]:

"Comunicação, entendida como o vínculo que se instaura com o ciclo formado pela emissão, transmissão e recepção de mensagens, de modo intencionado ou não, apresenta enorme amplitude, verificando-se sempre que houver dois ou mais sujeitos em contingencia de interação".

Pois bem, no que se refere especificamente à comunicação, trata-se de um processo pelo qual um emissor, através de um canal, remete uma mensagem a um destinatário.

Assim, o processo comunicacional pressupõe, sinteticamente, a emissão de uma mensagem, que é transmitida por intermédio de um canal para ser recepcionada por um destinatário.

Verifica-se, dessa forma, que se entende a telecomunicação como uma espécie que engloba o conceito de comunicação, encarado aqui como gênero.

2. ICMS – Critério material e hipóteses de incidência

O ICMS é um tributo de competência dos Estados, conforme estatuído pela Constituição Federal de 1988:

"Art. 155. Compete aos Estados e ao Distrito Federal instituir impostos sobre:

(...)

II – Operações relativas à circulação de mercadorias e sobre prestações de serviços de transporte interestadual e intermunicipal e de comunicação, ainda que as operações e as prestações se iniciem no exterior".

---

[3] Direito Tributário, Linguagem e Método. Noeses, 2008, p. 167

O imposto em comento possui como cerne do seu aspecto material os vocábulos *operações* e *circulação*. Nos ensinamentos do Professor Geraldo Ataliba, o conceito jurídico de operações representa atos juridicamente relevantes, isto é, negócios jurídicos que envolvam a circulação de mercadorias, com caráter mercantil:

> "(...) nem todas as operações negociais são alcançáveis pelo ICM. Apenas as que digam respeito (sejam referentes, sejam relativas) à circulação de uma certa categoria de bens: as mercadorias"

Paulo de Barros Carvalho, por sua vez, vislumbra três regras-matrizes para o ICMS: (i) realizar operações relativas à circulação de mercadorias; (ii) prestar serviço de comunicação, mesmo que tal prestação tenha se iniciado no exterior; e (iii) prestar serviço de transporte interestadual e intermunicipal, e expressa que:

> "No esquema de compreensão da regra-matriz do ICM, o critério material vem expresso pelo comportamento de alguém, ou pela ação de uma pessoa, física ou jurídica, formalizado por promover operações relativas à circulação de mercadoria"

Portanto o ICMS (atual denominação do antigo imposto sobre circulação de mercadorias – ICM) não onera à circulação de mercadorias em si, mas a operação relativa à aludida circulação, bem como operações envolvendo a prestação de serviço de comunicação, que passamos a analisar de forma mais específica.

2.1. ICMS – Comunicação

Com o advento da Constituição Federal de 1988, o então conhecido imposto ICM passou a abranger determinados serviços, quais sejam, os de transporte interestadual e intermunicipal, e os serviços de *comunicação*, atribuindo a competência tributária aos Estados e ao Distrito Federal, conforme mencionado acima.

O ICMS não incide sobre a comunicação em si, isto é, não é pelo fato de alguém se comunicar, que deverá pagar o ICMS. A despeito de a Carta Maior não trazer expressamente o conceito de comunicação, fica claro que mencionado imposto incide sobre a *prestação* de serviço de comunicação.

A prestação de serviços está intimamente conectada a uma obrigação de fazer, que é a que vincula o devedor à prestação de um serviço com ato positivo, material ou imaterial, seu ou de terceiro, em benefício do credor ou de terceira pessoa[4].

Assim, para que ganhe relevância para fins de incidência do ICMS, é imprescindível que o processo comunicacional entre emissor e destinatário (receptor) da mensagem seja intermediado por um terceiro, que será incumbido de prover os meios necessários à sua transmissão, mediante um contrato oneroso de prestação de serviço de comunicação.

Em outras palavras, o ICMS incide sobre a prestação onerosa de um serviço de comunicação, como sustenta o professor Roque Antonio Carrazza[5]:

> "O ICMS, conforme dispõe o art. 155, II, da CF, também pode incidir "sobre prestação de serviços (...) de comunicação, ainda que (...) as prestações se iniciem no exterior", É o "ICMS-Comunicação".
>
> Reiteramos que este ICMS não alcança a comunicação propriamente dita, mas a prestação (onerosa) de serviços de comunicação. Deveras, a comunicação só ganha relevância jurídica, para fins de ICMS, quando decore de um contrato oneroso de prestação de serviços."

No contexto dos serviços de comunicação tributáveis pelo ICMS-Comunicação, está à *telecomunicação*, a qual tem a sua definição conferida pelo artigo 60, da Lei nº 9.472/1997, conhecida como Lei Geral das Telecomunicações ("LGT"):

> "Art. 60. Serviço de telecomunicações é o conjunto de atividades que possibilita a oferta de telecomunicação.
>
> § 1º Telecomunicação é a transmissão, emissão ou recepção, por fio, radioeletricidade, meios ópticos ou qualquer outro processo eletromagnético, de símbolos, caracteres, sinais, escritos, imagens, sons ou informações de qualquer natureza.
>
> § 2º Estação de telecomunicações é o conjunto de equipamentos ou aparelhos, dispositivos e demais meios necessários à realização de telecomunicação, seus acessórios e periféricos, e, quando for o caso, as instalações que os abrigam e complementam, inclusive terminais portáteis."

---

[4] DINIZ, *Maria Helena* apud MELO, *José Eduardo Soares de.* Imposto sobre Serviço de Comunicação. *São Paulo: Malheiros, 2000, p. 61.*

[5] *ICMS.* 12ª Ed., Malheiros Editores, 2007, p. 154-165.

COMPUTAÇÃO, COMÉRCIO ELETRÔNICO E PRESTAÇÃO DE SERVIÇOS DIGITAIS

Portanto, é necessário esclarecer que o "serviço de telecomunicação", previsto na LGT é espécie do gênero "serviço de comunicação" sujeito à incidência do ICMS, tal como previsto na Constituição Federal.

Feito esse esclarecimento, da conjugação destes conceitos constrói-se que o *serviço de telecomunicação*", para fins da tributação pelo ICMS, é a utilidade cedida a título oneroso em que o prestador emprega meios de geração, emissão, recepção, transmissão, retransmissão, repetição e ampliação de mensagem em favor do tomador.

Esta operação é, necessariamente, realizada e viabilizada pela utilização do conjunto de equipamentos, aparelhos, dispositivos e instalações físicas que possibilitam o tráfego de dados, tidos pela legislação como "estações de telecomunicações", por exemplo, antenas, linhas de transmissão, dentre outros.

Além disso, também é necessário salientar que existem ainda determinadas utilidades que se aproveitam desta infraestrutura física (estações de telecomunicações) e do próprio serviço de comunicação em si (emissão, transmissão e recepção) para agregar realização de serviços diversos, não enquadrados no conceito de comunicação descrito acima.

São assim definidos os Serviços de Valor Adicionado ("SVA"), conforme artigo 61, da LGT:

> "Art. 61. Serviço de valor adicionado é a atividade que acrescenta, a um serviço de telecomunicações que lhe dá suporte e com o qual não se confunde, novas utilidades relacionadas ao acesso, armazenamento, apresentação, movimentação ou recuperação de informações.
>
> § 1º Serviço de valor adicionado não constitui serviço de telecomunicações, classificando-se seu provedor como usuário do serviço de telecomunicações que lhe dá suporte, com os direitos e deveres inerentes a essa condição.
>
> § 2° É assegurado aos interessados o uso das redes de serviços de telecomunicações para prestação de serviços de valor adicionado, cabendo à Agência, para assegurar esse direito, regular os condicionamentos, assim como o relacionamento entre aqueles e as prestadoras de serviço de telecomunicações.".

Pela definição da LGT, os serviços de comunicação constituem um insumo para a realização dos SVAs, que deles se utilizam para atingir a sua finalidade e que, apesar de inter-relacionados, não se confundem entre si.

Assim, tendo em vista que os SVAs – por expressa definição legal – não se confundem com os serviços de comunicação, não haveria suporte material para lastrear a tributação destes serviços pelo ICMS comunicação.

Note-se que a interpretação de imaterialidade dos SVAs para tributação pelo ICMS comunicação a partir do artigo 61, da LGT, ganha força quando lastreada no artigo 110, do Código Tributário Nacional ("CTN"), que impõe a observância pela legislação tributária das definições dos institutos já consagrados pelo direito privado:

"Art. 110. A lei tributária não pode alterar a definição, o conteúdo e o alcance de institutos, conceitos e formas de direito privado, utilizados, expressa ou implicitamente, pela Constituição Federal, pelas Constituições dos Estados, ou pelas Leis Orgânicas do Distrito Federal ou dos Municípios, para definir ou limitar competências tributárias."

Por conta disso, esta posição é prestigiada pelo Superior Tribunal de Justiça ("STJ"), que vem ao longo dos últimos anos reiteradamente decidindo neste sentido:

"PROCESSUAL CIVIL E TRIBUTÁRIO. ACÓRDÃO ADEQUADAMENTE FUNDAMENTADO. ICMS. SERVIÇOS DE ANÚNCIO E TELEGRAMA FONADO E TELELISTA. VALOR ADICIONADO. NÃO--INCIDÊNCIA.

1. A solução integral da controvérsia, com fundamento suficiente, não caracteriza ofensa ao art. 535 do CPC.

2. Os serviços de anúncio e telegrama fonado e telelista valem-se da telecomunicação, que lhes dá suporte, para acrescentar utilidades relacionadas ao acesso e à apresentação de informações. Esta é a definição de serviço de valor adicionado, que não se confunde com o de telecomunicação, nos termos do art. 61 da Lei 9.472/1997.

3. In casu, esses serviços nem sequer são prestados pelas concessionárias de telefonia, que são apenas "intermediadoras da cobrança das tarifas", conforme aferiram as instâncias de origem.

4. A jurisprudência pacífica do STJ, pela não-incidência do ICMS sobre os serviços de valor adicionado, deve ser aplicada ao caso.

5. Recurso Especial não provido."

(Superior Tribunal de Justiça, 2ª Turma, Recurso Especial nº 1.206.428/RJ, Relator Ministro Herman Benjamin, DJe 04/02/2011 – original sem grifo).

Referido posicionamento do STJ adveio do julgamento do Recurso Especial ("REsp") nº 456.650/PR, que analisou a questão da incidência do

ICMS-Comunicação sobre os SVAs no contexto dos provedores de acesso à internet.

Naquela ocasião, a Corte decidiu que, com base no artigo 61, da LTG, não haveria incidência do ICMS-Comunicação sobre o serviço de provimento de acesso à internet pelo fato de este constituir um SVA, conforme se verifica da sua ementa abaixo transcrita:

> *"TRIBUTÁRIO – ICMS – SERVIÇO PRESTADO PELOS PROVEDORES DE INTERNET – LEI 9.472/97.*
>
> *1. Os serviços prestados pelos provedores de acesso à INTERNET, embora considerados pelo CONFAZ como serviços de telecomunicações, pela definição dada no art. 60 da Lei 9.472/97, que dispôs sobre a organização dos serviços de telecomunicações, não podem ser assim classificados.*
>
> *2. O serviço desenvolvido pelos provedores da INTERNET é serviço de valor adicionado (art. 61, Lei 9472/97), o qual exclui expressamente da classificação de serviços de telecomunicações ($ 1º, art. 61).*
>
> *3. Se o ICMS só incide sobre serviços de telecomunicações, nos termos do art. 2º da LC 87/96, não sendo os serviços prestados pela INTERNET serviço de telecomunicações, e sim, SERVIÇO DE VALOR ADICIONADO (art. 61, $ 1º da Lei 9.472/97), não há incidência da exação questionada.*
>
> *4. Recurso especial improvido.*
>
> (Superior Tribunal de Justiça, 2ª Turma, REsp nº 456.650/RJ, Relatora Ministra Eliana Calmon, DJ 08/09/2003, p. 291 – original sem grifo).

Portanto, a interpretação atualmente vigente é no sentido de que o ICMS-Comunicação não incide sobre os SVAs. Referidas operações, entretanto, podem constituir fato gerador de serviços sujeitos ao ISS, circunscritos no âmbito da competência municipal.

São igualmente não tributadas pelo ICMS-Comunicação às denominadas "atividades meio" consideradas preparatórias e de apoio ao serviço de comunicação em si, conforme já decidiu o STJ:

> "PROCESSUAL CIVIL. RECURSO ESPECIAL. TRIBUTÁRIO. ICMS. SERVIÇOS CONEXOS (SUPLEMENTARES) AO DE COMUNICAÇÃO (TELEFONIA MÓVEL): TROCA DE TITULARIDADE DE APARELHO CELULAR; CONTA DETALHADA; TROCA DE APARELHO; TROCA DE NÚMERO; MUDANÇA DE ENDEREÇO DE COBRANÇA DE CONTA TELEFÔNICA; TROCA DE ÁREA DE REGISTRO; TROCA DE PLANO

DE SERVIÇO; BLOQUEIO DDD E DDI; HABILITAÇÃO; RELIGAÇÃO. NÃO INCIDÊNCIA DO ICMS.

1. A incidência do ICMS, no que se refere à prestação dos serviços de comunicação, deve ser extraída da Constituição Federal e da LC 87/96, incidindo o tributo sobre os serviços de comunicação prestados de forma onerosa, através de qualquer meio, inclusive a geração, a emissão, a recepção, a transmissão, a retransmissão, a repetição e a ampliação de comunicação de qualquer natureza (art. 2º, III, da LC 87/96).

2. A prestação de serviços conexos ao de comunicação por meio da telefonia móvel (que são preparatórios, acessórios ou intermediários da comunicação) não se confunde com a prestação da atividade fim processo de transmissão (emissão ou recepção) de informações de qualquer natureza, esta sim, passível de incidência pelo ICMS. Desse modo, a despeito de alguns deles serem essenciais à efetiva prestação do serviço de comunicação e admitirem a cobrança de tarifa pela prestadora do serviço (concessionária de serviço público), por assumirem o caráter de atividade meio, não constituem, efetivamente, serviços de comunicação, razão pela qual não é possível a incidência do ICMS.

3. Não merece reparo a decisão que admitiu o ingresso de terceiro no feito, pois o art. 543-C, § 4º, do CPC autoriza que o Ministro Relator, considerando a relevância da matéria tratada em recurso especial representativo da controvérsia, admita a manifestação de pessoas, órgãos ou entidades com interesse na questão jurídica central.

4. Agravo regimental de fls. 871/874 não provido. Recurso especial não provido. Acórdão sujeito ao regime previsto no art. 543-C do CPC, c/c a Resolução 8/2008 – Presidência/STJ."

(STJ, Primeira Seção, REsp nº 1.176.753/RJ, Relator do Acórdão Ministro Mauro Campbell Marques, DJe 19/12/2012, RSTJ vol. 229 p. 104 – original sem grifo.)

Assim, a tributação pelo ICMS-Comunicação somente poderá recair sobre a atividade exercida por terceiros que envolva uma utilidade empregada para prover meios de troca de mensagens entre emissor e receptor.

Não se sujeitam ao tributo as atividades preparatórias e auxiliares a estes serviços, assim como aqueles que dele se utilizam, sem se confundirem (SVA).

3. ISS – Aspecto material e hipóteses de incidência

O ISS é um tributo de competência municipal devido sobre a prestação dos serviços não compreendidos no âmbito da incidência do ICMS, de acordo com a redação do artigo 156, inciso III, da Constituição Federal de 1988:

> "Art. 156. Compete aos Municípios instituir impostos sobre:
> (...)
> III – serviços de qualquer natureza, não compreendidos no art. 155, II, definidos em lei complementar".

Somente em 2003 foi publicada a Lei Complementar nº 116/2003 ("LC 116/2003"), que passou a regular o tributo municipal em destaque, estabelecendo a sua incidência sobre os serviços elencados no anexo de mencionada Lei Complementar.

A legislação federal em apreço estabeleceu que a base de cálculo para o ISS é o preço do serviço prestado, sendo característica essencial do serviço tributável que o mesmo seja prestado com o fito de remuneração.

Pois bem, o aspecto material do ISS, isto é, o seu fato gerador é, em regra, o preço do serviço tributável efetivamente prestado.

3.1. Do conceito de serviço tributável

O termo "serviço" do ponto de vista jurídico e, portanto, dentro dos parâmetros constitucionais, tem como característica fundamental a ideia de uma ação humana, dotada de conteúdo econômico, destinada ao benefício ou atendimento de terceiro.

Deste modo, o serviço deve ser prestado ou satisfeito, não comportando sua definição a acepção de venda, vale dizer: serviço não se vende, mas faz-se. Nesse sentido, nas palavras de Aires F. Barreto:

> "(...) é possível concluir que serviço é a prestação de esforço humano a terceiros, com conteúdo econômico, em caráter negocial, sob regime de direito privado, mas sem subordinação, tendente à obtenção de um bem material ou imaterial"

Ressalte-se ainda que o serviço tributável não se confunde com a definição ordinária aplicada a este vocábulo. Isso porque, a definição de serviço tributável não comporta:

a. Serviços despidos de conteúdo econômico, na medida em que tais serviços não possuem condão negocial, como é o caso dos serviços voluntários e filantrópicos; e

b. Serviços prestados sob a égide do direito público em decorrência da proibição constitucional dos entes federados instituírem impostos sobre o patrimônio, renda ou serviços uns dos outros.[6]

Sendo assim, tem-se como um dos requisitos para a caracterização do serviço tributável a necessidade de instituição de uma relação jurídica com outra pessoa, figurando como polos dessa relação jurídica o prestador dos serviços e o seu respectivo beneficiário, ou tomador.

A partir dessas considerações, vislumbra-se que o serviço tributável constitui uma obrigação de fazer e, neste ponto, faz-se necessária a diferenciação dos conceitos das chamadas obrigações de dar, pois essa distinção possibilita a identificação dos serviços passíveis de tributação.

Segundo Orlando Gomes:

> "(...) nas obrigações de dar, o que interessa ao credor é a coisa que lhe deve ser entregue, pouco lhe importando a atividade de que o devedor precisa para realizar a entrega. Nas obrigações de fazer, ao contrário, o fim que se tem em mira é aproveitar o serviço contratado".[7]

Com efeito, obrigações de dar consistem na prestação de entregar alguma coisa (dar), ao passo que as obrigações de fazer referem-se a ato ou serviço que deva ser praticado pelo devedor, ou prestador.

Além disso, o objeto da obrigação de fazer se constitui em um comportamento humano qualquer, desde que lícito e possível, o qual deve ser executado pelo devedor de referida obrigação.

Esse comportamento humano pode se manifestar através de um trabalho físico ou material, ou através do exercício da inteligência humana em trabalhos intelectuais, científicos ou até mesmo artísticos.

Assim, no que se refere ao conceito de prestação de serviço tributável temos uma obrigação de fazer consistente em um esforço humano empre-

---

[6] Artigo 150, inciso VI, alínea "a": Sem prejuízo de outras garantias asseguradas ao contribuinte, é vedado à União, aos Estados, ao Distrito Federal e aos Municípios: VI – instituir impostos sobre: a) patrimônio, renda ou serviços, uns dos outros;

[7] GOMES, Orlando. *Obrigações*. Rio de Janeiro: Forense, 1961.

endido em benefício de outrem, sendo que a obrigação mencionada deve estar inserida dentro de um contexto negocial e econômico.

Diante da diferenciação entre as obrigações de dar e de fazer, conclui-se que apenas as chamadas obrigações de fazer compreendem o conceito de serviço delimitado pelo Código Civil e, portanto, apenas estas sofrem a incidência da tributação que recai sobre os serviços.

Porém, convém ressaltar que quando o artigo 156, inciso III, da Constituição Federal utiliza a expressão *"serviços de qualquer natureza"* para atribuir competência tributária aos municípios, não se pode entender que aludida competência atinge todos os tipos de serviços possíveis, pois, não se aplica, por exemplo, aos serviços de comunicação.

A incidência ISS é delimitada pelas operações descritas na Lista Anexa à Lei Complementar nº 116/2003, cuja descrição limita a incidência do tributo às atividades ali elencadas.

Deste modo, vê-se que não foi facultado aos municípios a adição, alteração ou exclusão dos itens descritos na Lista Anexa à LC 116/2003, em relação aos serviços elencados como sujeitos à incidência do ISS.

Portanto, não basta que uma determinada operação seja considerada como serviço (obrigação de fazer) para que seja tributável pelo ISS. É preciso que a sua descrição esteja elencada na Lista Anexa à LC 116/2003, sob pena de não incidência do tributo, conforme jurisprudência já pacificada pelo Supremo Tribunal Federal ("STF"):

> "AGRAVO REGIMENTAL NO AGRAVO DE INSTRUMENTO. TRIBUTÁRIO. IMPOSTO SOBRE SERVIÇOS. NÃO-INCIDÊNCIA SOBRE OPERAÇÕES BANCÁRIAS. **A lista de serviços anexa à lei complementar n. 56/87 é taxativa. Não incide ISS sobre serviços expressamente excluídos desta.** Precedente: RE n. 361.829, Segunda Turma, DJ de 24.2.2006. Agravo regimental a que se nega provimento. "
>
> (Agravo Regimental no Agravo de Instrumento nº 590.329/MG, Segunda Turma, Relator Ministro Eros Grau, DJ 08-09-2006 PP-00049 – original sem grifo.).

Assim, qualquer tentativa de inclusão de atividades não previstas na LC 116/2003 não permite a exigência do ISS sobre essa nova atividade não previamente prevista.

À título ilustrativo cita-se caso do Município do Rio de Janeiro que através da Resolução SMF no. 2.739/2012 tentou incluir dentre as hipóteses de incidência do ISS os serviços de valor adicionado, suportados por serviços de telecomunicações.

Como a LC 116/2003 não traz em seu anexo os serviços de valor adicionado e tendo em vista que o STF já se pronunciou que é taxativo o rol de serviços listados no anexo único dessa lei, existem argumentos suficientes para alegar que tal inclusão em nível municipal não está em conformidade com a legalidade e os princípios tributários, não sendo o contribuinte obrigado a recolher o ISS sobre tais serviços.

4. Do conceito de computação em nuvem e streaming
4.1. Computação em nuvem

A computação em nuvem consiste na oferta de serviços, em um ambiente eletrônico, o que envolve o processamento de dados, a partir da utilização de softwares, programas de armazenamento de dados entre outros, que não requerem conhecimento, do consumidor, quanto à localização física e configuração do sistema que presta os serviços.

Em outras palavras, o consumidor não precisa baixar diversos e diferentes aplicativos para usar suas funções, basta acessar um ambiente online que agrega e condensa todas essas informações, isto é, a computação em nuvem.

Portanto, no caso da computação em nuvem as informações estão presentes em uma rede, não no computador. A partir dessa dinâmica, é possível acessar os documentos e informações de qualquer lugar, sendo necessário somente ter acesso a rede.

Nos termos do Projeto de Lei nº 5344/2013:

> "A computação em nuvem é definida como a exploração da atividade de tratamento, armazenamento, guarda e depósito virtuais, por sistemas eletrônicos ou eletromagnéticos e mediante contrato oneroso ou gratuito, no qual o depositário recebe informações, sistemas, programas, plataformas, ou qualquer espécie de dados do depositante ou titular, sejam codificados ou não, considerados conteúdos ou bens, sendo regido por esta lei e no que aplicável, pelo Código de Defesa do Consumidor, pela legislação específica de proteção de dados, de propriedade intelectual, legislações setoriais e outras aplicáveis."

Em função dessas características, se diz que o computador está nas nuvens, sendo possível acessá-lo de qualquer lugar.

Portanto, a partir de uma conexão com a internet tornou-se viável acessar um servidor que contém todos os documentos, informações e aplicativos.

Um exemplo de computação em nuvem é o programa chamado "dropbox", que consiste em uma ferramenta cuja finalidade é manter arquivos seguros e sincronizados a fim de poder acessá-los de qualquer rede de internet.

4.2. Streaming

A palavra Streaming traduzida para o português significa "fluxo de mídia", isto é, consiste em uma tecnologia que permite a transmissão em tempo real de conteúdos disponibilizados na internet.

Os conteúdos são transmitidos via streaming e reproduzidos através de uma banda de internet. Deste modo, as informações não são armazenadas pelo usuário em seu próprio computador.

A transmissão dos dados é reproduzida à medida que chega ao usuário e ficam armazenados em servidores conectados à internet como, por exemplo, a computação em nuvem. Cita-se como um exemplo de tecnologia via streaming o canal YouTube.

5. análise de casos práticos envolvendo a incidência de icms e iss sobre computação em nuvem e streaming

O Departamento de Tributação e julgamento da Secretaria de Finanças da Prefeitura de São Paulo ("DEJUG/SP") foi indagado a se manifestar via Solução de Consulta quanto a eventual incidência de ISS sobre plataformas de armazenamento de serviços de nuvem.

No caso, o contribuinte comercializava no município de São Paulo os produtos "Xbox Live" e "Microsoft Office 365". De acordo com informações prestadas por esse contribuinte, o "Microsoft Office 365" consiste em um serviço de assinatura anual que fornece aos seus usuários o acesso virtual a diversos serviços e licenças, dentre elas o serviço chamado Skydrive, descrito como um serviço de armazenamento de dados em nuvem.

Ainda de acordo com o entendimento do Consulente, o "Microsoft Office 365" consiste em um serviço de cessão de direito ou uso do software, sendo que o serviço de cessão de uso ou direito foi vetado quando da promulgação da LC 116/2003 e por isso, não estaria sujeito à incidência do ISS.

No entanto, esse não foi o entendimento da Prefeitura de São Paulo que entendeu que o SkyDrive é um software que integra o "Microsoft Office 365", e sendo este "Microsoft Office365" um programa de computador deveria ser tributado pelo ISS:

> "10. Os softwares que fazem parte do "Microsoft Office 365" são considerados programas de computador e, desta forma, enquadram-se no subitem 1.05 da Lista de Serviços do art. 1o da Lei 13.701, de 24 de dezembro de 2003, código de serviço 02798 do Anexo I da Instrução Normativa SF/SUREM no. 8, de 18 de julho de 2011, relativo a licenciamento ou cessão de direito de uso de programas de computação, inclusive distribuição, sujeitos à alíquota de 2%, conforme o disposto no art. 16, I, "a", da Lei n° 13.701, de 24 de dezembro de 2003, com a redação da Lei no 15.406, de 8 de julho de 2011."

Em outra oportunidade, o DEJUG/SP manifestou-se acerca de consulta formulada pelo Netflix, cujo objeto social foi definido pelo próprio como a prestação de serviços de acesso a filmes, televisão, séries e outros tipos de entretenimento, através de streaming.

No caso específico, o Netflix buscava na solução de consulta o entendimento do fisco paulista quanto a incidência ou não do ISS, sobre os serviços que presta.

Nessa solução de consulta, o Netflix expôs que seus clientes pagam uma mensalidade fixa para acessarem os conteúdos eletrônicos presentes em seu acervo. Em contrapartida, a empresa disponibiliza tais conteúdos através do envio de informações multimídia, utilizando redes de computadores (Streaming).

Em função dessas características, o Netflix entende que sua atividade se assemelha à atividade de locação de filmes e, desta forma, não estaria sujeito ao recolhimento do ISS na medida em que essa atividade não consta na lista anexa à LC 116/2003.

No entanto, mais uma vez a DEJUG/SP entendeu que o ISS é devido pois:

> "(...) o cliente ao pagar a tarifa mensal, passa a ter direito a usar o software da Netflix, que lhe permitirá assistir aos vídeos constantes do acervo da consulente.

Desta forma, no caso em questão não se verifica locação de bens móveis. O serviço descrito pela consulente, objeto do contrato apresentado, enquadra-se no item 1.05 da lista de serviços constante do Art. 1o da Lei 13.701, de 24 de dezembro de 2003, relativo ao código de serviço 02798 – Licenciamento ou cessão de direito de uso de programas de computação, inclusive distribuição – da Instrução Normativa SF/SUREM nº 8, de 18 de julho de 2011".

Dos dois casos analisados pelo DEJUG, depreende-se uma tendência do órgão em classificar as atividades de streaming e computação em nuvem como espécie do gênero programas de computação.

Neste ponto cumpre observar que a definição de programa de computador ("software"), em âmbito legislativo, é dada pelo artigo 1º, da Lei nº 9.609/98 ("Lei do Software"):

> "Art. 1º Programa de computador é a expressão de um conjunto organizado de instruções em linguagem natural ou codificada, contida em suporte físico de qualquer natureza, de emprego necessário em máquinas automáticas de tratamento da informação, dispositivos, instrumentos ou equipamentos periféricos, baseados em técnica digital ou análoga, para fazê-los funcionar de modo e para fins determinados."

Da própria definição transcrita a cima vê-se que a computação em nuvem é, na verdade, uma tecnologia que permite o acesso de forma remota a programas de computador. O streaming, por sua vez, pode ser enquadrado como um programa de computador.

No entanto, em que pese o fisco paulista entender que ambos enquadram-se como programa de computador, tendo em vista não estão presentes de forma expressa no anexo à LC 116/2003, não é possível admitir a tributação, na medida em que a lei é taxativa e não comporta uma interpretação extensiva.

6. Das alterações legislativas para enquadrar o streaming e a computação em nuvem na legislação tributária brasileira

Estão atualmente em tramitação no Congresso Nacional diversos projetos cujo intuito varia entre (i) alterar a redação dos serviços descritos no anexo único da LC 116/2003; (ii) incluir novos serviços dentre aqueles que já estão sujeitos a incidência do ISS; ou (iii) aprovar novas leis a fim de regular a incidência do ICMS ou do ISS sobre a computação em nuvem ou do streaming.

Vê-se com certa constância uma movimentação para alterar a redação do item 1 de aludida lista anexa a LC 116/2003, que atualmente engloba os seguintes serviços sujeitos a tributação pelo ISS:

> Lista de serviços anexa à Lei Complementar nº 116, de 31 de julho de 2003.
>
> 1 – Serviços de informática e congêneres.
>
> 1.01 – Análise e desenvolvimento de sistemas.
>
> 1.02 – Programação.
>
> 1.03 – Processamento de dados e congêneres.
>
> 1.04 – Elaboração de programas de computadores, inclusive de jogos eletrônicos.
>
> 1.05 – Licenciamento ou cessão de direito de uso de programas de computação.
>
> 1.06 – Assessoria e consultoria em informática.
>
> 1.07 – Suporte técnico em informática, inclusive instalação, configuração e manutenção de programas de computação e bancos de dados.
>
> 1.08 – Planejamento, confecção, manutenção E atualização de páginas eletrônicas.

Nos itens transcritos não são mencionados de forma expressa os serviços de streaming ou de computação em nuvem e, portanto, em função do exposto até o presente momento é possível defender que estes serviços não estão sujeitos à incidência do ISS, na medida em que não estão presentes na lista anexa à LC 116/200,

Por outro lado, tendo em vista que o termo "congênere" e "programas de computação" comportam diversas interpretações, há uma tendência por parte dos entes tributantes em enquadrar serviços que originalmente não integram a lista anexa, mas podem subsumir-se à incidência do ISS através desses termos.

Em virtude da problemática quanto às diferentes interpretações, existem, diversos projetos de lei que buscam alterar a redação do item 1 da lista anexa à LC 116/2003, a fim de incluir neste item, por exemplo:

(i)   Serviços de computação em nuvem;

(ii) Serviços de disponibilização de aplicativos em páginas eletrônicas;

(iii) Disponibilização de conteúdos de áudio, vídeo, imagem e texto em páginas eletrônicas.

A alteração do item 1 da lista anexa à LC 116/2003 a fim de incluir como serviços novas formas de tecnologia como a computação em nuvem e o streaming acabaria com a discussão e ainda permitiria que os municípios passassem a cobrar o imposto municipal em relação a tais serviços.

Nessa esteira, cita-se o Projeto de Lei Complementar n° 171/2012 que pretende incluir entre os serviços descritos no item 1 da lista anexa à LC 116/2003, o serviço de computação em nuvem:

> "Art. 1º Esta Lei Complementar incluiu na Lista de Serviços anexa à Lei Complementar nº 116, de 31 de julho de 2003, os serviços de computação em nuvem.
>
> Art. 2º O item 1 da Lista de Serviços anexa à Lei Complementar nº 116, de 31 de julho de 2003, passa a vigorar acrescido do seguinte subitem: "1.09 – Computação em nuvem. "
>
> Art. 3º Esta Lei Complementar entra em vigor na data de sua publicação."

O projeto de lei apresenta como justificativa (i) o incremento na forma de se relacionar, no caso via computação em nuvem; e (ii) o desenvolvimento de novas tecnologias. E ainda alega que em função do surgimento de novas tecnologias aparecem dúvidas quanto ao tratamento tributário a ser aplicado a tais tecnologias:

> "Não é de hoje que o crescente desenvolvimento da tecnologia tem causado grandes incertezas aos operadores do direito, tendo em vista a altíssima velocidade da evolução tecnológica em comparação com a morosidade do Legislativo. No direito tributário, esse quadro se agrava, tendo em vista a rigidez de nossa Constituição ao tratar da matéria, as antigas concepções ainda aplicadas e a voracidade do Fisco em arrecadar.
>
> (...)
>
> Nesse contexto se encontram as operações relacionadas ao "cloud computing", uma realidade da qual todos os usuários da internet fazem parte, embora a maioria não se dê conta.".

Também está em tramite no Congresso Nacional o Projeto de Lei nº 386/2012 que sugere alterações e inclusões no item 1 da mencionada lista anexa, que passaria a contar com a seguinte redação:

> "1...
> 1.09 – Computação em nuvem.
> 1.10 – Acesso à rede de computadores e congêneres, inclusive à Internet.
> 1.11 – Disponibilização de conteúdos e aplicativos em página eletrônica e congêneres.
> 1.12 – Hospedagem de dados, inclusive áudio, vídeo e imagem, de páginas eletrônicas, de aplicativos quaisquer e congêneres.
> 1.13 – Cessão temporária de arquivo de áudio, vídeo e imagem, inclusive por "streaming"."

Segundo a parecer emitido em relação a esse projeto de Lei, os objetivos com a inclusão dos itens transcritos seriam (i) prevenir e reprimir a "guerra fiscal"; (ii) atualizar e ampliar a Lista de Serviços tributáveis; e (iii) uniformizar a base de cálculo.

No mesmo sentido e com objetivos similares, há o Projeto de Lei no. 5.433/2013 que ao invés de alterar a LC 116/2003, busca estabelecer as diretrizes gerais e normas para a promoção, desenvolvimento e exploração da atividade de computação em nuvem no País.

Ratificando as iniciativas quanto às alterações legislativas no que diz respeito a redação da Lista de Serviços da LC 116/2003, em 30 de dezembro de 2016, passou a vigorar novo texto da Lei Complementar mencionada, com base na redação introduzida pela Lei Complementar nº 157/2016. Dentre as mudanças introduzidas, destaca-se a ampliação das hipóteses de incidência do ISS.

Para a presente análise, as maiores implicações dessa alteração estão na nova redação do item 1.03 e inclusão do 1.09 da Lista de Serviços:

> Redação original do Item 1.03:
> 1.03 – Processamento de dados e congêneres.
> Redação a partir da vigência da Lei Complementar nº 157/2016:
> 1.03 - Processamento, armazenamento ou hospedagem de dados, textos, imagens, vídeos, páginas eletrônicas, aplicativos e sistemas de informação, entre outros formatos, e congêneres.
> Item 1.09:
> 1.09 – Disponibilização, sem cessão definitiva, de conteúdos de áudio, vídeo, imagem e texto por meio da internet, respeitada a imunidade de livros, jornais e periódicos (exceto a distribuição de conteúdos pelas prestadoras de

Serviço de Acesso Condicionado, de que trata a Lei no 12.485, de 12 de setembro de 2011, sujeita ao ICMS).

Vê-se, novamente, o Poder Legislativo adequando a redação das normas vigentes às novas formas de comunicação, como o streaming e a computação em nuvem.

No âmbito estadual, por sua vez, há uma tendência quanto ao enquadramento do streaming e da computação em nuvem como serviços de comunicação e, portanto, sujeitos ao recolhimento do ICMS.

Tanto é assim, que foi promulgada a Emenda Constitucional nº 87/2015, que passou a produzir efeitos a partir de 1º de Janeiro de 2016. Aludida Emenda Constitucional implementou mudanças na sistemática de cobrança do ICMS incidente sobre operações e prestações que destinem bens e/ou serviços a consumidor final, contribuinte ou não do imposto, localizado em outro Estado.

Antes de aludida Emenda Constitucional, o ICMS, em regra, era devido ao Estado de origem da mercadoria, com exceção às operações cujo comprador e destinatário da mercadoria era consumidor e contribuinte final da mercadoria, em que o imposto será devido ao Estado de destino, confira-se:

Art. 155. Compete aos Estados e ao Distrito Federal instituir impostos sobre:

§ 2º O imposto previsto no inciso II atenderá ao seguinte:

VII – em relação às operações e prestações que destinem bens e serviços à consumidor final localizado em outro Estado, adotar-se-á:

A alíquota interestadual, quando o destinatário for contribuinte do imposto;]

A alíquota interna, quando o destinatário não for contribuinte dele;

VIII – na hipótese da alínea a do inciso anterior, caberá ao Estado da localização do destinatário o imposto correspondente a diferença entre a alíquota interna e a interestadual;

A partir da Emenda Constitucional em destaque, os artigos citados passaram a ter a seguinte redação:

Art. 1º Os incisos VII e VIII do § 2º do art. 155 da Constituição Federal passam a vigorar com as seguintes alterações:

"Art. 155...

....

§ 2º...

....

VII – nas operações e prestações que destinem bens e serviços a consumidor final, contribuinte ou não do imposto, localizado em outro Estado, adotar-se-á a alíquota interestadual e caberá ao Estado de localização do destinatário o imposto correspondente à diferença entre a alíquota interna do Estado destinatário e a alíquota interestadual;

a) (revogada);

b) (revogada);

VIII – a responsabilidade pelo recolhimento do imposto correspondente à diferença entre a alíquota interna e a interestadual de que trata o inciso VII será atribuída:

a) ao destinatário, quando este for contribuinte do imposto;

b) ao remetente, quando o destinatário não for contribuinte do imposto;

Em que pese o texto da Emenda Constitucional ser genérico e se aplicar a todas as operações e prestações mercantis interestaduais, fato é que o foco principal do legislador eram as operações realizadas através do comércio eletrônico, impedindo a perda de arrecadação fiscal pelos Estados e minimizando os efeitos da chamada "Guerra Fiscal"[8]

Isso porque, antes do desenvolvimento e intensificação das relações comerciais através do comércio eletrônico, a tendência era que o consumidor final não contribuinte adquirisse bens e mercadorias no próprio Estado em que residia.

Essa tendência mudou com o advento das relações através da internet, em que a aquisição em outros Estados desses mesmos bens e mercadorias ficou mais fácil é conveniente, além de ampliar as ofertas e as demandas.

---

[8] Guerra Fiscal: consiste em uma prática relacionada à concessão de benefícios e incentivos fiscais e financeiros, concedidos pelos Estados e o Distrito Federal, como um mecanismo de atração de novos investimentos ao seu território. No entanto, cabe ressaltar que essa postura dos Estados não condiz com as o disposto pela Lei Complementar nº 24/1975, que estabeleceu que as isenções ou qualquer outro tipo de benefício fiscal relativo aos tributos estaduais somente poderão ser concedidos ou revogados por meio de convênio celebrado e ratificado pelos Estados e Distrito Federal. A inobservância de tais requisitos acarretará a nulidade do ato e ineficácia do crédito fiscal, bem como a exigibilidade do imposto não pago.

Frise-se que antes da emenda constitucional, na aquisição de mercadorias e bens por contribuintes localizados em outros Estados, o ICMS deveria ser recolhido ao Estado de destino, na proporção do diferencial de alíquotas incidentes nas operações interestaduais.

Com o advento de operações envolvendo o comércio eletrônico, por exemplo as operações via streaming e computação em nuvem, verificou-se um aumento significativo de transações através da internet com consumidores não contribuintes, cujo ICMS é devido exclusivamente ao Estado de origem do bem, ocasionando um desequilíbrio.

Tanto é assim, que o Estado de Santa Catarina realizou uma pesquisa via Secretaria de Estado da Fazenda ("SEF"), cujos resultados demonstram que em operações ocorridas pela venda eletrônica, esse Estado apresentou um volume de vendas no valor aproximado de R$ 26.000.000,00 (vinte e seis milhões de reais).

Por sua vez, as vendas originadas de outras unidades da federação equivalem a R$ 371.000.000,00 (trezentos e setenta e um milhões de reais). Verifica-se, portanto, um déficit de, aproximadamente, de R$ 345.000.000,00 (trezentos e quarenta e cinco milhões de reais) ao Estado de Santa Catarina:

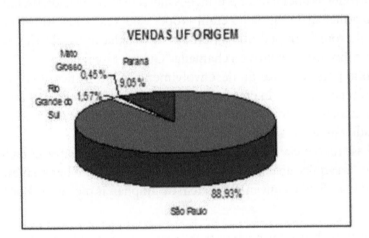

Ainda, em comparação com outros Estados, vê-se que São Paulo tem a maior fatia das operações de venda pela internet. Mais um indício da necessidade de alterações no sentido de corrigir as distorções resultantes dessa forma de tributação de operações interestaduais:

F	Valor R$
Mato Grosso	1.663.277,04
Rio Grande do Sul	5.822.168,88
Santa Catarina	25.793.131,33
Parana	33.536.255,04
São Paulo	329.689.173,48
Total	396.504.005,77

Pois bem, sob a justificativa de corrigir essas distorções causadas pelo comércio eletrônico foi implementada uma nova forma de se recolher o ICMS nessas operações interestaduais. Assim, o ICMS passou a ser devido:

(i) à alíquota de 12%, nas operações ou prestações interestaduais que destinarem mercadorias ou serviços a pessoa localizada nos Estados das regiões Sul e Sudeste;

(ii) à alíquota de 7%, nas operações ou prestações interestaduais que destinarem mercadorias ou serviços a pessoa localizada nos Estados das regiões Norte, Nordeste e Centro-Oeste e no Estado do Espírito Santo, sendo irrelevante se o destinatário é contribuinte, ou não, do imposto.

Além disso, passaram a ensejar a incidência do ICMS, as operações e prestações iniciadas em outra unidade da federação que destinem bens e serviços para o consumidor final não contribuinte do imposto localizado em outra unidade da federação.

Nesse caso, caberá ao remetente ou prestador a responsabilidade pelo recolhimento do imposto devido, correspondente à diferença entre a alíquota interna e a interestadual.

Esse recolhimento deverá ser realizado na seguinte proporção:

• Para o ano de 2016: 40% (quarenta por cento) do valor correspondente à diferença entre a alíquota interna e a interestadual;

- Para o ano de 2017: 60% (sessenta por cento) do valor correspondente à diferença entre a alíquota interna e a interestadual;
- Para o ano de 2018: 80% (oitenta por cento) do valor correspondente à diferença entre a alíquota interna e a interestadual;
- A partir do ano de 2019: 100% (cem por cento) do valor correspondente à diferença entre a alíquota interna e a interestadual.

Em complemento ao esforço dos Estados em tributar as operações de comércio eletrônico, o CONFAZ publicou o Convênio nº 106/17, o qual busca disciplinar os procedimentos que devem ser adotados pelo Estados para cobrança do ICMS devido em operações com bens e mercadorias digitais comercializadas por meio de transferência eletrônica de dados.

Frise-se que o Convênio 106/2017 regula que o ICMS será devido no Estado onde estiver domiciliado o adquirente do bem digital. Ademais, somente as operações com transferência eletrônica de dados ao consumidor final serão tributadas e o contribuinte do imposto estadual, nesse cenário, será a pessoa jurídica detentora de site ou plataforma eletrônica que realize a venda ou a respectiva disponibilização.

Em função do convênio estabelecer a incidência do ICMS em operações com a transferência de bens e mercadorias digitais eletronicamente, cria-se a necessidade de emissão de Nota Fiscal Eletrônica, correspondente a tal operação.

Além disso, vale mencionar que o Convênio ainda prevê a possibilidade de atribuição da responsabilidade pelo recolhimento do ICMS (i) àquele que realizar a oferta, venda ou entrega do bem em razão de contrato firmado com o comercializador; (ii) ao intermediador financeiro, inclusive a administradora de cartão de débito ou crédito ou de outro meio de pagamento, bem como a intermediadora responsável pelo câmbio, nas operações de importação; ou (iii) ao adquirente do bem ou mercadoria digital, em caso de falta de inscrição estadual do detentor do site ou plataforma eletrônica.

Essas alterações na legislação pátria demonstram a necessidade de adequar o direito às novas relações jurídicas que se delineiam através do streaming e da computação em nuvem, dentre outras tecnologias.

Esse cenário de incertezas face às novas relações jurídicas que não são abarcadas pela legislação, deverá ser devidamente analisado pelos tribunais superiores, através de um amplo debate ou mesmo através do Poder Legislativo para adequar as normas legais ao surgimento de novas tecnologias.

Essa questão, além de envolver a discussão voltada a previsão legal, também engloba uma discussão relacionada à qual tributo deve incidir sobre o streaming e a computação em nuvem.

Isso porque, há uma diferença considerável se ponderarmos a aplicação das normas do ISS em relação às normas do ICMS. Enquanto as alíquotas do ISS variam entre 2% e 5%, as do ICMS, em operações internas, em regra, são de 17% ou 18%, ou em operações interestaduais podem variar entre 4%, 7% ou 12%.[9]

Essa diferença de alíquota pode ser traduzida, portanto, em grandes ganhos ou prejuízos fiscais, os quais afetam diretamente as operações das empresas.

7. Da OCDE e as medidas para tributar as novas relações de comércio

Com o advento da crise internacional, agravada em 2008, vários países passaram a enfrentar problemas de equilíbrio fiscal. Por conta disso, e em um ambiente de busca por maior arrecadação a OCDE se mobilizou para propor soluções para a perda de arrecadação, o que deu início ao projeto *BEPS*.

Dentre outras iniciativas que compõem o plano de ação da OCDE tem-se a Ação número 1 do BEPS:

"Ação 1: Endereçar os desafios tributários da economia digital, com a produção relatório detalhado identificando os problemas criados com a economia digital e possíveis ações para abordá-los";

Em uma era da informação e tecnologia, o "comércio eletrônico" ganha, cada dia, mais importância.

O "comércio eletrônico" como a forma de compra e venda de produtos e serviços que dispensam a presença física do comprador e do vendedor em um mesmo local, compra e venda essa que é efetuada por meio dos suportes de tecnologia da informação e telecomunicações.

Algumas definições encontradas na literatura ressaltam que se trata de uma nova forma de negociação entre compradores e vendedores, que leva

---

[9] Nas operações interestaduais aplica-se a alíquota de 12% para o cálculo do ICMS e que no caso de operações e prestações realizadas nas Regiões Sul e Sudeste e destinadas às Regiões Norte, Nordeste e Centro-Oeste e ao Estado do Espírito Santo, a alíquota aplicável será 7%. Já em operações interestaduais com bens e mercadorias importados do exterior a alíquota será de 4%, com Conteúdo de Importação superior a 40% (quarenta por cento).

em conta a tecnologia cada vez mais avançada para conectar computadores em diversas partes do mundo:

> "Sua característica primordial vem a ser a ocorrência de transação comercial sem qualquer contato físico entre comprador e vendedor. A mercadoria pode, então, ser vislumbrada em um catálogo eletrônico mostrado nas páginas da web e, quando escolhida, faz-se o pagamento por meio de transferência eletrônica de fundos. É possível, pois, encomendar um livro, um Compact Disc, uma roupa ou até mesmo um carro dessa forma: com o computador conectado à Internet, o usuário abre a página de sua escolha, faz a opção pelo produto desejado, fornece os dados para a entrega do produto e para o pagamento (usualmente por meio de cartão de crédito) e recebe as informações de segurança relativas à entrega da mercadoria, que geralmente se caracteriza por uma senha.
>
> Se, porventura, se tratar de produto intangível, com disponibilidade na rede, como um software, a entrega pode ocorrer em alguns instantes, após a comprovação da efetivação do pagamento. É o que se denomina operação em tempo real (on-line)." [10]

Como decorrência dessas transações, pode haver a entrega física de bens ou serviços, bem como pode haver a simples transferência "digital", ou seja, a transferência por meio dos suportes informáticos e de telecomunicações que permitem o contato do vendedor com o comprador, de bens intangíveis ou serviços.

Para a tributação, este tema é relevante na medida em que o comércio eletrônico não reconhece as fronteiras entre os países. Desta forma, é possível oferecer bens e serviços no Brasil, por exemplo, por uma empresa constituída em um país com tributação favorecida, e cujo suporte de informática se encontra nos Estados Unidos.

Ou seja, justamente por conta da mobilidade dos produtos e serviços digitais – que são transmitidos pela infraestrutura de telecomunicações, e não pela logística física tradicional – há a também flexibilidade das empresas para decidir onde se localizar, de maneira a minimizar sua carga tributária.

---

[10] *Braghetta, Daniela. Tributação no Comércio Eletrônico. São Paulo, 2003, pp. 124 e 125*

8. Conclusão

Em face de todo o exposto, não restam dúvidas de que o direito como uma ciência humana tem que ir se adaptando à evolução das relações humanas, e dentre esta evolução encontram-se as relações de consumo através do comércio eletrônico.

Nas últimas décadas presenciamos o desenvolvimento dos meios de telecomunicações como formas de possibilitar a comunicação e, em consequência, as relações jurídicas.

A globalização das relações interpessoais aproximou redes e sistemas de comunicação via internet, facilitando relações de consumo que por vezes pareciam inimagináveis. Neste ponto, o Direito das Telecomunicações aliado ao Direito Tributário vem tentando condensar e abranger tecnologias como o streaming e a computação em nuvem, nas normas preexistentes.

Nessa esteira, o ICMS-Comunicação recai sobre a atividade exercida por terceiros que envolvam utilidades empregadas para prover meios de troca de mensagens entre emissor e receptor.

O termo "serviço", para fins tributários, pressupõe uma obrigação de fazer consistente em um esforço humano empreendido em benefício de outrem, sendo que a obrigação mencionada deve estar inserida dentro de um contexto negocial e econômico.

Para que seja tributável pelo ISS, é preciso que o serviço esteja descrito na Lista Anexa à LC 116/2003, a qual deve ser interpretada de forma taxativa conforme já decidiu o STF nos autos do Agravo Regimental no Agravo de Instrumento nº 590.329/MG.

Pois bem, em função das características da computação em nuvem e do streaming percebe-se que não se tratam de serviços de comunicação, na medida em que estamos diante de uma obrigação de fazer. Vale dizer, ao contratar ou utilizar essas tecnologias o consumidor esta esperando obtenção de um bem, no caso, imaterial.

Tendo em vista a característica de obrigação de fazer e com a nova redação da lista de serviços da LC 116/2003, a partir da edição da Lei Complementar nº 157/2016, é possível sustentar que as plataformas que permitem o uso do streaming e da computação em nuvem estão sujeitas a incidência do ISS.

Isso porque, a partir desse novo contexto legal no que diz respeito a lista de serviços da LC 116/2003, vê-se que o streaming e a computação

COMPUTAÇÃO, COMÉRCIO ELETRÔNICO E PRESTAÇÃO DE SERVIÇOS DIGITAIS

em nuvem são serviços de valor agregado que passa a ter previsão legal expressa nos itens 1.03 e 1.09.

Ademais, como esses serviços se valem de uma infraestrutura ou um provedor armazenar ou transmitir um conteúdo online, não se pode dizer que se trata de hipótese de incidência do ICMS-comunicação.

Não obstante, vale ressaltar que o conteúdo armazenado ou transmitido através dessas tecnologias não estaria sujeito ao ISS e, tão pouco, ao ICMS-comunicação, pois o conteúdo veiculado não se enquadra como uma obrigação de fazer ou uma obrigação de dar, nos moldes em que se encontram projetados nessas tecnologias.

Por fim, vê-se que esse tema ainda tem muito espaço para discussão e interpretação, tanto que é objeto de estudo e análise em âmbito internacional e nacional.

Referências

MELO, José Eduardo Soares de. ISS: aspectos teóricos e práticos. 5. ed. São Paulo: Dialética, 2008.

DINIZ, Maria Helena apud MELO, José Eduardo Soares de. Imposto sobre Serviço de Comunicação. São Paulo: Malheiros, 2000, p. 61.

BRAGHETTA, Daniela. Tributação no Comércio Eletrônico. São Paulo, 2003, pp. 124 e 125.

CARRAZZA, Roque Antonio. ICMS. 16 ed. rev. e am. São Paulo: Malheiros Editores, 2012.

TORRES, Heleno Taveira – Direito Tributário das Telecomunicações e Satélites; Quartier Latin;

CARVALHO, Paulo de Barros – Direito Tributário, Linguagem e Método. Noeses, 2008, p. 167

TORRES, Ricardo Ezequiel; JESUS, Isabela Bonfá de (Orient.). Intributabilidade pelo ISS de atividades que não caracterizam efetivos serviços: desconstruindo aspectos da LC nº 166/03. TCCP (Pós-graduação lato sensu em direito tributário – LLM) Insper, São Paulo, 2011.

TOLEDO, José Eduardo Tellini. A Guerra Fiscal.com. ANAN JR., Pedro (coordenador). Planejamento Fiscal – análise de casos. Volume III. São Paulo: Quartier Latin, 2014.

MELO, Fábio Soares de e PEIXOTO, Marcelo Magalhães (Coordenadores). ICMS Questões Fundamentais. São Paulo: MP Editora, 2007.]

BAPTISTA, Marcelo Caron. ISS do Texto à Norma. São Paulo: Quartier Latin, 2005.

BARRETO, Aires Fernandino. ISS na Constituição e na Lei. 3 ed.. São Paulo: Editora Dialética, 2009.

MANEIRA, Eduardo e JORGE, Alexandre Texeira. Revista Dialética de Direito Tributário nº 225 – A Imunidade Tributária do Livro Comercializado em Mídia. São Paulo: Dialética, 2014.

MARTINS, Ives Gandra da Silva. Revista Dialética de Direito Tributário nº 202 – Parecer sobre Aspectos referentes a imunidade dos livros eletrônicos, assim como das obrigações a que estão tais bens e serviços desvinculados de controle pela ANCINE e CONDECINE. São Paulo: Dialética, 2010.

MENEZES, Mário Celso Santiago. O ICMS sobre prestação de serviços de comunicação. Sua incidência sobre a tarifa de habilitação telefônica. Jus Navigandi, Teresina, ano 5, n. 47, 2000.

ABREU, Cláudio de, e PRADO, Marcos Vinícius Passarelli. Tributação na Internet. Revista Dialética de Direito Tributário, n. 67, São Paulo: Dialética, 2001.

CHIESA, Clélio. A tributação dos serviços de internet prestados pelos provedores : ICMS ou ISS?. Cadernos de Direito Tributário e Finanças Públicas, v. 7, n. 27, abr./jun. 1999.

BATISTA, Daiane Carvalho. A guerra fiscal interestadual do ICMS no comércio eletrônico. Âmbito Jurídico, Rio Grande, XV, n. 96, jan 2012.

COSTA, A. J. . Estudos sobre IPI, ICMS e ISS. 1. ed. São Paulo: Dialetica, 2009. v. 1. 111p .

COSTA, A. J. . ICM na Constituição e na Lei Complementar. 1. ed. São Paulo: Editora Resenha Tributária, 1978. v. 1. 176p .

COSTA, A. J. . História da tributação: do Brasil-Colônia ao Imperial. In: Eurico Marcos Diniz de Santi. (Org.). Curso de Direito Tributário e Finanças Públicas – Do Fato à Norma, da Realidade ao Conceito Jurídico. São Paulo: Editora Saraiva, 2008, v. 01, p. 52-78.

COSTA, Eliud José Pinto da. ICMS mercantil. São Paulo: Quartier Latin, 2008. p. 104.

ATALIBA, Geraldo. ICM: não incidência. IN: Estudos e Pareceres de Direito Tributário. São Paulo. Revista dos Tribunais, 1978c. v. 1. p. 143.

ATALIBA, Geraldo e GIARDINO, Cléber – Núcleo da Definição Constitucional do ICM; Revista de Direito Tributário nº 25/26; Julho/Dezembro 1983; 9. 101.

CHIESA, Clélio. ICMS incidente na aquisição de bens ou mercadorias importados do exterior e contratação de serviços no exterior: inovações introduzidas pela EC 33/2001. In: ROCHA, Valdir de Oliveira (Coord.) O ICMS e a EC 33. São Paulo: Dialética, 2002. p. 150-151.

BORGES, José Souto Maior. Lei Complementar Tributária. São Paulo: Revista dos Tribunais, 1975. p. 59-60.

GOMES, Orlando. Obrigações. Rio de Janeiro: Forense, 1961.

Solução de Consulta do Departamento de Tributação e julgamento da Secretaria de Finanças da Prefeitura de São Paulo nº 25/2012.

Solução de Consulta do Departamento de Tributação e julgamento da Secretaria de Finanças da Prefeitura de São Paulo nº 11/2014.

Tributação de Softwares no Brasil: Incidência do ISS e ICMS em Transações Locais

VITOR TEIXEIRA PEREIRA MARTINS

Introdução

Atualmente, a tributação de softwares no Brasil depara-se com questionamentos usuais no ramo de negócios da tecnologia da informação, acerca da incidência tributária em operações locais com programas de computador. Tendo em vista a rapidez do avanço tecnológico, os legisladores não foram capazes de produzir normas regulatórias que tratassem de todos os temas em tela a fim de sanar as dúvidas dos contribuintes.

Não obstante, ainda que houvesse normas suficientemente capazes de sanar as dúvidas e questionamentos provenientes da última década, novos tipos de transmissão de softwares surgirão, novos tipos de concessão dos respectivos direitos nascerão e, tais inovações decorrentes do lépido desenvolvimento tecnológico, carecerão de normas regulatórias e interpretativas.

No que tange a atualidade do tema, diante do avanço tecnológico supracitado, constantes mudanças e os respectivos impactos ocorrem em âmbito global. Nesse sentido, nos primórdios da era tecnológica, por volta dos anos 70, os softwares que eram tratados como "softwares livres", pois seus códigos fontes eram disponibilizados para seus compradores, passaram a serem tratados como "softwares proprietários", onde os adquirentes não mais possuíam acesso aos respectivos códigos fontes.

Seguindo o novo conceito de "softwares proprietários", surgiu também a necessidade da criação de dispositivos visando a garantia da incorruptibilidade da propriedade intelectual. No Brasil, apenas em 19 de fevereiro de 1998 foi publicada a Lei n° 9.609, também conhecida como "Lei de Software" para balizar os parâmetros jurídicos relativos aos programas de computador.

Como exemplo do avanço tecnológico e legislativo, em 29 de setembro de 2015 foi publicado o Decreto nº 61.522, seguido do Convênio ICMS 181/2015, de 28 de dezembro de 2015 e também do Decreto nº 61.791, de 11 de janeiro de 2016, que mudaram significativamente a tributação sobre operações com programas de computador, no Estado de São Paulo, a partir de 1º de janeiro de 2016.

Diante da insegurança jurídica no que toca a correta tributação, o tema deste trabalho, referente à "Tributação de Softwares no Brasil – Incidência do ISS e ICMS em Transações Locais" é altamente aplicável para auxílio na resolução de problemas reais enfrentados por profissionais tributários que atuam no ramo de tecnologia da informação.

Não obstante, em minha vida profissional utilizei por diversas vezes a jurisprudência e bibliografia citadas no trabalho, para tomadas de decisão quanto ao tratamento tributário a ser aplicado em programas de computador comercializados localmente no Brasil.

Assim sendo, o trabalho visa trazer esclarecimentos aos profissionais que tratam da tributação do ICMS e ISS sobre as operações com programas de computador que possam auxiliá-los em tomadas de decisões ou simples consultas para dirimir dúvidas.

1. Previsões legislativas
1.1. Carta Magna de 1988
Antes de adentrarmos as normas municipais e estaduais com relação às obrigações e delimitações ao poder de tributar, é importante termos cristalino as previsões trazidas pela Constituição Federal de 1988, quanto ao poder de tributar dos estados e municípios[1]:

> **Art. 155. Compete aos Estados e ao Distrito Federal instituir impostos sobre:**
>
> I – transmissão causa mortis e doação, de quaisquer bens ou direitos;

[1] Conforme: Constituição da República Federativa do Brasil de 1988. Disponível em: http://www.planalto.gov.br/ccivil_03/constituicao/constituicaocompilado.htm .Acesso em 11 de jun. 2016.

II – operações relativas à circulação de mercadorias e sobre prestações de serviços de transporte interestadual e intermunicipal e de comunicação, ainda que as operações e as prestações se iniciem no exterior;

III – propriedade de veículos automotores.

§ 1º O imposto previsto no inciso I:

(...)

§ 2º O imposto previsto no inciso II atenderá ao seguinte:

I – será não-cumulativo, compensando-se o que for devido em cada operação relativa à circulação de mercadorias ou prestação de serviços com o montante cobrado nas anteriores pelo mesmo ou outro Estado ou pelo Distrito Federal;

II – a isenção ou não-incidência, salvo determinação em contrário da legislação:

a) não implicará crédito para compensação com o montante devido nas operações ou prestações seguintes;

b) acarretará a anulação do crédito relativo às operações anteriores;

III – poderá ser seletivo, em função da essencialidade das mercadorias e dos serviços;

IV – resolução do Senado Federal, de iniciativa do Presidente da República ou de um terço dos Senadores, aprovada pela maioria absoluta de seus membros, estabelecerá as alíquotas aplicáveis às operações e prestações, interestaduais e de exportação;

V – é facultado ao Senado Federal:

a) estabelecer alíquotas mínimas nas operações internas, mediante resolução de iniciativa de um terço e aprovada pela maioria absoluta de seus membros;

b) fixar alíquotas máximas nas mesmas operações para resolver conflito específico que envolva interesse de Estados, mediante resolução de iniciativa da maioria absoluta e aprovada por dois terços de seus membros;

VI – salvo deliberação em contrário dos Estados e do Distrito Federal, nos termos do disposto no inciso XII, "g", as alíquotas internas, nas operações relativas à circulação de mercadorias e nas prestações de serviços, não poderão ser inferiores às previstas para as operações interestaduais;

VII – nas operações e prestações que destinem bens e serviços a consumidor final, contribuinte ou não do imposto, localizado em outro Estado, adotar-se-á a alíquota interestadual e caberá ao Estado de localização do destinatário o imposto correspondente à diferença entre a alíquota interna do Estado destinatário e a alíquota interestadual;

VIII – a responsabilidade pelo recolhimento do imposto correspondente à diferença entre a alíquota interna e a interestadual de que trata o inciso VII será atribuída:

a) ao destinatário, quando este for contribuinte do imposto;

b) ao remetente, quando o destinatário não for contribuinte do imposto;

IX – incidirá também:

a) sobre a entrada de bem ou mercadoria importados do exterior por pessoa física ou jurídica, ainda que não seja contribuinte habitual do imposto, qualquer que seja a sua finalidade, assim como sobre o serviço prestado no exterior, cabendo o imposto ao Estado onde estiver situado o domicílio ou o estabelecimento do destinatário da mercadoria, bem ou serviço;

b) sobre o valor total da operação, quando mercadorias forem fornecidas com serviços não compreendidos na competência tributária dos Municípios;

X – não incidirá:

a) sobre operações que destinem mercadorias para o exterior, nem sobre serviços prestados a destinatários no exterior, assegurada a manutenção e o aproveitamento do montante do imposto cobrado nas operações e prestações anteriores;

b) sobre operações que destinem a outros Estados petróleo, inclusive lubrificantes, combustíveis líquidos e gasosos dele derivados, e energia elétrica;

c) sobre o ouro, nas hipóteses definidas no art. 153, § 5º;

d) nas prestações de serviço de comunicação nas modalidades de radiodifusão sonora e de sons e imagens de recepção livre e gratuita;

XI – não compreenderá, em sua base de cálculo, o montante do imposto sobre produtos industrializados, quando a operação, realizada entre contribuintes e relativa a produto destinado à industrialização ou à comercialização, configure fato gerador dos dois impostos;

XII – cabe à lei complementar:

a) **definir seus contribuintes;**

b) dispor sobre substituição tributária;

c) disciplinar o regime de compensação do imposto;

d) **fixar, para efeito de sua cobrança e definição do estabelecimento responsável, o local das operações relativas à circulação de mercadorias e das prestações de serviços;**

e) excluir da incidência do imposto, nas exportações para o exterior, serviços e outros produtos além dos mencionados no inciso X, "a";

f) prever casos de manutenção de crédito, relativamente à remessa para outro Estado e exportação para o exterior, de serviços e de mercadorias;

g) regular a forma como, mediante deliberação dos Estados e do Distrito Federal, isenções, incentivos e benefícios fiscais serão concedidos e revogados.

h) definir os combustíveis e lubrificantes sobre os quais o imposto incidirá uma única vez, qualquer que seja a sua finalidade, hipótese em que não se aplicará o disposto no inciso X, b;

i) fixar a base de cálculo, de modo que o montante do imposto a integre, também na importação do exterior de bem, mercadoria ou serviço.

§ 3º À exceção dos impostos de que tratam o inciso II do caput deste artigo e o art. 153, I e II, nenhum outro imposto poderá incidir sobre operações relativas a energia elétrica, serviços de telecomunicações, derivados de petróleo, combustíveis e minerais do País.

§ 4º Na hipótese do inciso XII, h, observar-se-á o seguinte:

I – nas operações com os lubrificantes e combustíveis derivados de petróleo, o imposto caberá ao Estado onde ocorrer o consumo;

II – nas operações interestaduais, entre contribuintes, com gás natural e seus derivados, e lubrificantes e combustíveis não incluídos no inciso I deste parágrafo, o imposto será repartido entre os Estados de origem e de destino, mantendo-se a mesma proporcionalidade que ocorre nas operações com as demais mercadorias;

III – nas operações interestaduais com gás natural e seus derivados, e lubrificantes e combustíveis não incluídos no inciso I deste parágrafo, destinadas a não contribuinte, o imposto caberá ao Estado de origem;

IV – as alíquotas do imposto serão definidas mediante deliberação dos Estados e Distrito Federal, nos termos do § 2º, XII, g, observando-se o seguinte:

a) serão uniformes em todo o território nacional, podendo ser diferenciadas por produto;

b) poderão ser específicas, por unidade de medida adotada, ou ad valorem, incidindo sobre o valor da operação ou sobre o preço que o produto ou seu similar alcançaria em uma venda em condições de livre concorrência;

c) poderão ser reduzidas e restabelecidas, não se lhes aplicando o disposto no art. 150, III, b.

§ 5º As regras necessárias à aplicação do disposto no § 4º, inclusive as relativas à apuração e à destinação do imposto, serão estabelecidas

COMPUTAÇÃO, COMÉRCIO ELETRÔNICO E PRESTAÇÃO DE SERVIÇOS DIGITAIS

mediante deliberação dos Estados e do Distrito Federal, nos termos do § 2º, XII, g.

(...)

Art. 156. Compete aos Municípios instituir impostos sobre:

I – propriedade predial e territorial urbana;

II – transmissão "inter vivos", a qualquer título, por ato oneroso, de bens imóveis, por natureza ou acessão física, e de direitos reais sobre imóveis, exceto os de garantia, bem como cessão de direitos a sua aquisição;

III – serviços de qualquer natureza, não compreendidos no art. 155, II, definidos em lei complementar.

IV – (Revogado pela Emenda Constitucional nº 3, de 1993)

§ 1º Sem prejuízo da progressividade no tempo a que se refere o art. 182, § 4º, inciso II, o imposto previsto no inciso I poderá:

(...)

§ 3º Em relação ao imposto previsto no inciso III do caput deste artigo, cabe à lei complementar:

I – fixar as suas alíquotas máximas e mínimas;

II – excluir da sua incidência exportações de serviços para o exterior.

III – regular a forma e as condições como isenções, incentivos e benefícios fiscais serão concedidos e revogados. (grifos nossos)

1.2. Código Tributário Nacional

Igualmente importante aos limites instituídos pela Constituição Federal de 1988, seriam as normas gerais de direito tributário aplicáveis à União, Estados e Municípios, trazidas pela Lei nº 5.172, de 25 de outubro de 1966. Contudo, os artigos 52 a 58, referentes ao Imposto Estadual sobre Operações Relativas à Circulação de Mercadorias – ICM e, os artigos 71 a 71, relacionados ao Imposto sobre Serviços de Qualquer Natureza – ISS, foram revogados pelo Decreto-Lei nº 406, de 31 de dezembro de 1968.

Tendo em vista a importância de tais normas para a interpretação do tema analisado por esse trabalho, transcrevemos os artigos do Decreto-Lei nº 406[2] onde trata das previsões para o ICM e ISS, essa última também revogada (pela Lei Complementar nº 116, de 2003):

---

[2] Conforme: Decreto-Lei nº 406, de 31 de dezembro de 1968. Disponível em: http://www.planalto.gov.br/ccivil_03/Decreto-Lei/Del0406.htm#art13 .Acesso em 11 de jun. 2016.

Art 1º O imposto sobre operações relativas à circulação de mercadorias tem como fato gerador:

I – a saída de mercadorias de estabelecimento comercial, industrial ou produtor;

II – a entrada, em estabelecimento comercial, industrial ou produtor, de mercadoria importada do exterior pelo titular do estabelecimento;

III – o fornecimento de alimentação, bebidas e outras mercadorias em restaurantes, bares, cafés e estabelecimentos similares.

(...)

Art 8º O imposto, de competência dos Municípios, sobre serviços de qualquer natureza, tem como fato gerador a prestação, por empresa ou profissional autônomo, com ou sem estabelecimento fixo, de serviço constante da lista anexa. **(Revogado pela Lei Complementar nº 116, de 2003)**

§ 1º Os serviços incluídos na lista ficam sujeitos apenas ao imposto previsto neste artigo, ainda que sua prestação envolva fornecimento de mercadoria. **(Revogado pela Lei Complementar nº 116, de 2003)**

§ 2º Os serviços não especificados na lista e cuja prestação envolva o fornecimento de mercadorias ficam sujeitos ao imposto de circulação de mercadorias. (Revogado pela Lei Complementar nº 116, de 2003)

§ 2º O fornecimento de mercadoria com prestação de serviços não especificados na lista fica sujeito ao impôsto sôbre circulação de mercadorias. (Revogado pela Lei Complementar nº 116, de 2003) (grifos nossos)

1.3. Programas de computador à luz da legislação brasileira

Os programas de computador surgiram por volta dos anos 70, quando eram tratados como "*softwares* livres" e passaram a serem tratados como "*softwares* proprietários", porém no Brasil apenas em 1998 surgiu alguma regulamentação e o programa de computador foi primeiramente definido pelo artigo 1º, da Lei 9.609/98[3], da seguinte maneira:

Art. 1º Programa de computador é a expressão de um conjunto organizado de instruções em linguagem natural ou codificado, contido em suporte físico de qualquer natureza, de emprego necessário em máquinas automáticas de tratamento da informação, dispositivos, instrumentos ou equipamentos periféricos, baseados em técnica digital ou análoga, para fazê-los funcionar de modo e para fins determinados.

---

[3] Conforme Lei nº 9.609, de 19 de fevereiro de 1998. Disponível em: http://www.planalto.gov.br/ccivil_03/leis/l9609.htm. Acesso em 26 jun. 2015.

Ademais, com o decorrer do desenvolvimento tecnológico, a definição supracitada, passou a sofrer interpretações diversas, pois carece de dispositivos que tratam dos novos conceitos de software, uma vez que nem todos os arquivos eletrônicos são considerados programa de computador, bem como não são capazes de realizar funcionamento específico em uma máquina ou equipamento, como, por exemplo, músicas ou vídeos.

Trazendo para a atualidade, os softwares são classificados pela doutrina e jurisprudência brasileira em duas categorias: "software de prateleira" e "software cópia única":

1.3.1. Software de prateleira (*off the shelf*)

Os softwares de prateleira (*off the shelf*) são programas de computador que constituem pacotes de programas bem definidos, estáveis, feitos em escala de produção, não levando em consideração as necessidades individuais de seus usuários, bem como não permitindo alterações nesse sentido.

Desta forma, os softwares de prateleira são ofertados publicamente e vendidos por meio de estabelecimentos comerciais ao usuário, que deverá adaptar suas necessidades ao programa produzido em série.

1.3.2. Software cópia única (*personalizado*)

O software cópia única é o programa de computador que é feito especificamente para determinado usuário, por meio de empresas ou profissionais liberais. Estas empresas e profissionais concebem o software para atender às necessidades do usuário.

Esta classe de software não é considerada como mercadoria como o de prateleira, uma vez que este não poderia ser enquadrado como mercadoria, mas sim como propriedade intelectual.

Conforme antes mencionado, os softwares foram divididos pela doutrina e jurisprudência brasileira entre "software de prateleira" e "software cópia única", tendo em vista que a legislação brasileira, mais precisamente a Lei nº 9.609/98, trata apenas da licença de uso de programa de computador, aplicável apenas aos softwares que sofrem a incidência do imposto sobre serviços – ISS.

Diante do exposto, a seguir será demonstrado o raciocínio jurídico construído pelos Doutos Julgadores a fim de diferenciar os programas de computadores que sofrem a incidência do ISS e do ICMS.

2. Entendimentos doutrinários e jurisprudenciais

2.1. Software como mercadoria

Em conformidade com o entendimento do Ministro Sepúlveda Pertence, hoje já superado, em decisão (Recurso Extraordinário n°. 176.626/SP)[4] relativa a esta matéria, mercadoria é o "bem corpóreo objeto de atos de comércio ou destinado a sê-lo".

Assim também pensa a doutrina ainda hoje, como se extrai da análise feita por Hugo de Brito Machado[5].

Mercadorias são coisas móveis. São coisas móveis porque bens corpóreos, que valem por si e não pelo que representam. Coisas, portanto, em sentido restrito, no qual não se incluem os bens, tais como os créditos, as ações, o dinheiro, entre outros. E coisas móveis, porque, em nosso sistema jurídico, os imóveis recebem disciplinamento diverso, o que os exclui do conceito de mercadoria.

No RE 176.626/SP[6] supracitado, o Supremo Tribunal Federal se pronunciou pela possibilidade de se considerar mercadoria o programa de computador que fosse veiculado por um suporte físico, o qual denominou de prateleira. Tal julgado serviu de precedente para vários outros que lhes sucederam.

EMENTA: I. Recurso extraordinário: prequestionamento mediante embargos de declaração (Sum. 356).

A teor da Súmula 356, o que se repute não prequestionado e o ponto indevidamente omitido pelo acordão primitivo sobre o qual "não foram opostos embargos declaratórios". Mas se, opostos, o Tribunal **a quo** se recuse a suprir a omissão, por entendê-la inexistente, nada mais se pode exigir da parte (RE 210.638, Pertence, DJ 19.6.98).

II. RE: questão constitucional: âmbito de incidência possível dos impostos previstos na Constituição: ICMS e mercadoria.

Sendo a mercadoria o objeto material da norma de competência dos Estados pare tributar-lhe a circulação, a controvérsia sobre se determinado bem

---

[4] Conforme: BRASIL. Supremo Tribunal Federal. RE. 176.626-3. Relator Sepúlveda Pertence, Brasília, DF, 10 de novembro de 1998. Disponível em: http://redir.stf.jus.br/paginadorpub/paginador.jsp?docTP=AC&docID=222535. Acesso em: 26 jun. 2015. p.12.

[5] MACHADO, Hugo de Brito. Comentários ao Código Tributário Nacional (Volume I), São Paulo: Atlas, 2003, págs. 521-522.

[6] Conforme: BRASIL. Supremo Tribunal Federal. RE. 176.626-3, op. cit., p.1.

constitui **mercadoria** e questão constitucional em que se pode fundar o recurso extraordinário.

III. Programa de computador ("software"): tratamento tributário: distinção necessária.

Não tendo por objeto uma **mercadoria**, mas um bem **incorpóreo**, sabre as operações de **"licenciamento ou cessão do direito de use de programas de computador"** – matéria exclusive de lide efetivamente não podem os Estados instituir ICMS: dessa impossibilidade, entretanto, não resulta que, de logo, se esteja também a subtrair do campo constitucional de incidência do ICMS a circulação de copies ou exemplares dos programas de computador produzidos em serie e comercializados no varejo – coma a do chamado **"software de prateleira" (off the shelf)** – os quais, materializando o **corpus mechanicum** da criação intelectual do programa, constituem mercadorias pastas no comercio.

Essa definição precedeu outras decisões com o mesmo entendimento, tal como:

EMENTA: TRIBUTÁRIO. ESTADO DE SÃO PAULO. ICMS. PROGRAMAS DE COMPUTADOR (SOFTWARE). COMERCIALIZAÇÃO. No julgamento do RE 176.626, Min. Sepúlveda Pertence, assentou a Primeira Turma do STF a distinção, para efeitos tributários, entre um exemplar standard de programa de computador, também chamado "de prateleira", e o licenciamento ou cessão do direito de uso de software. A produção em massa para comercialização e a revenda de exemplares do *corpus mechanicum* da obra intelectual que nele se materializa não caracterizam licenciamento ou cessão de direitos de uso da obra, mas genuínas operações de circulação de mercadorias, sujeitas ao ICMS. Recurso conhecido e provido.[7]

Esse conceito de mercadoria, no entanto, evoluiu com o novo entendimento dos tribunais superiores, chegando a abranger até mesmo bens incorpóreos, como é o caso da mera transferência eletrônica de dados. Seguindo esse raciocínio, o estado de Mato Grosso ingressou com uma ação

---

[7] Conforme: BRASIL. Superior Tribunal Federal. RE. 199.464-9. Relator Ilmar Galvão, Brasília, DF, 02 de março de 1999. Disponível em: http://redir.stf.jus.br/paginadorpub/paginador.jsp?docTP=AC&docID=236681. Acesso em 27 jun. 2015.

direta de inconstitucionalidade, a conhecida ADIN nº 1.945[8], por onde foi reconhecida a incidência de ICMS sobre softwares adquiridos por meio de transferência eletrônica de dados, sendo irrelevante a existência de bem corpóreo ou mercadoria em sentido estrito, conforme abaixo transcrito:

> 8. ICMS. Incidência sobre softwares adquiridos por meio de transferência eletrônica de dados (art. 2º, § 1º, item 6, e art. 6º, § 6º, ambos da Lei impugnada). Possibilidade. Inexistência de bem corpóreo ou mercadoria em sentido estrito. Irrelevância. O Tribunal não pode se furtar a abarcar situações novas, consequências concretas do mundo real, com base em premissas jurídicas que não são mais totalmente corretas. O apego a tais diretrizes jurídicas acaba por enfraquecer o texto constitucional, pois não permite que a abertura dos dispositivos da Constituição possa se adaptar aos novos tempos, antes imprevisíveis.

Seguindo esse raciocínio, Roque Antonio Carrazza[9] leciona que "não é qualquer bem móvel que é mercadoria, mas só aquele que se submete à mercancia. Podemos, pois, dizer que toda mercadoria é bem móvel, mas nem todo bem móvel é mercadoria. Só o bem móvel que se destina à prática de operações mercantis é que assume a qualidade de mercadoria".

Na leitura do julgado paradigma em comento, é importante salientar que o STF claramente decidiu que a cópia física de um software (antes em disquetes, hoje em CD-ROMs) sujeita ao ICMS, não se confunde de modo algum com o licenciamento de software[10]:

> Sela qual for o tipo de programa, **contudo, é certo, não se confundirão a aquisição do exemplar e o licenciamento ou cessão do direito de uso, também presente até quando se cuide do software "enlatado" ou "de prateleira".**
>
> (...)
>
> **O licenciamento, como disse, não se confunde com as operações realizadas com o exemplar do programa.** Nesse sentido, observa o já citado Rui Saavedra que, *verbis* (ob. cit., p. 79/80)

---

[8] Conforme: BRASIL. Superior Tribunal Federal. ADIN 1.945. Relator Octavio Gallotti, Brasília, DF, 25 de maio de 2010. Disponível em: http://redir.stf.jus.br/paginadorpub/paginador.jsp?docTP=AC&docID=620411. Acesso em 28 jun. 2015.

[9] CARRAZZA, Roque Antonio. ICMS. 7ª edição. São Paulo: Malheiros, 2001, p. 39.

[10] Conforme: BRASIL. Supremo Tribunal Federal. RE. 176.626-3, op. cit., p. 5-8

"...quando o software standard é licenciado – a licença é uma permissão para fazer algo que de outro modo seria ilícito –, há na verdade dois contratos: por um lado, um contrato para que sejam fornecidas as manifestações físicas do software; e por outro, um contrato para atribuição de uma licença de uso do software. O contrato pelo qual o cliente é investido na posse do software será um contrato de compra e venda ou de doação se a propriedade sobre os meios físicos for transmitida ao licenciado; se não houver essa transmissão, tratar-se-á de um contrato de locação ou, por ventura, de comodato. Mas o contrato de licença subsiste paralelamente, e é importante porque – como veremos – os produtores de software, após a entrega do exemplar do software, continuam preocupados em proteger os direitos de propriedade intelectual sobre o software por eles criado, e em impor restrições ao uso do software entregue.

2.2. Software como propriedade intelectual

Propriedade intelectual refere aos direitos relativos aos domínios industrial, científico, literário e artístico.

O software, quando sob encomenda, é visto como obra intelectual, sujeito a licença ou cessão de direito de uso de programa de computador para que se viabilize sua negociação, estando sujeito ao ISS, nos termos do subitem 1.05 da Lista de Serviços anexa à Lei Complementar nº 116/03.

Dessa mesma maneira, é o atual entendimento do Superior Tribunal de Justiça:

EMENTA: TRIBUTÁRIO – RECURSO ESPECIAL – PROGRAMAS DE COMPUTADOR NÃO PERSONALIZADOS – DL 406/68 – NÃO-INCIDÊNCIA DO ISS. 1. Os programas de computador desenvolvidos para clientes, de forma personalizada, geram incidência de tributo do ISS. 2. Diferentemente, se o programa é criado e vendido de forma impessoal para clientes que o compram como uma mercadoria qualquer, esta venda é gravada com o ICMS. 3. Hipótese em que a empresa fabrica programas em larga escala para clientes. 4. Recurso especial não provido.[11]

---

[11] Conforme: BRASIL. Superior Tribunal de Justiça. Resp. 1.070.404. Relatora Eliana Calmon, Brasília, DF, 25 de agosto de 2008. Disponível em: https://ww2.stj.jus.br/processo/revista/documento/mediado/?componente=ITA&sequencial=811227&num_registro=200801405510&data=20080922&formato=PDF. Acesso em 27 jun. 2015.

Com base no acima exposto, o fato do balizamento jurídico e tributário da distinção entre software cópia única e software de prateleira ser feita por jurisprudência e doutrina, existe uma extensa margem para interpretação tanto por parte dos contribuintes quanto por parte das autoridades tributárias e também pelo sistema judiciário do Brasil.

Adicionalmente, por mais que existam algumas bibliografias e inúmeras jurisprudências relacionadas ao tema, afirmo categoricamente que sempre haverá margem para discussões, tendo em vista que frequentemente surgirão novos raciocínios jurídicos tanto por parte dos advogados e consultores bem como dos julgadores e autoridades tributárias, restando assim campo para a nossa respectiva interpretação.

2.2.1. Serviço *versus* mercadoria

Para clarificar e definitivamente jogar uma pá de cal nas definições de serviço (obrigação de fazer) e mercadoria (obrigação de dar), trazemos o conhecimento de José Eduardo Soares de Melo[12]:

> O cerne da materialidade da hipótese de incidência do imposto não se circunscreve a "serviço", mas a uma "prestação de serviço", compreendendo um negócio (jurídico) pertinente a uma obrigação de "fazer", de conformidade com os postulados e diretrizes do direito privado.
>
> Considerando que o direito tributário constitui um direito de superposição, incidindo sobre realidades postas por outros ramos do direito (civil, comercial etc.), torna-se imprescindível buscar o conceito das espécies básicas de obrigações (dar e fazer), para delimitar o âmbito do ISS, confrontado com os âmbitos do IPI e do ICMS.

Aproveitando o ensejo e para a devida compreensão desta temática é importante considerar os conceitos técnicos seguintes[13]:

> 1. Software é fruto da criação do espírito humano e classifica-se como espécie do gênero 'obra intelectual'.

---

[12] MELO, José Eduardo Soares de. ISS: aspectos teóricos e práticos. 5. ed. São Paulo: Dialética, 2008. P. 37.

[13] GONÇALVES, Renato Lacerda de Lima. "ISS sobre o Licenciamento ou Cessão de Direito de Uso de Programa de Computação". O ISS na Lei Complementar nº 116/2003. Coordenador Rodrigo Brunelli Machado, Quartier Latin, São Paulo, 2004, pp. 155/156.

2. Os direitos que lhes corresponde pertencem à classe dos direitos autorais.

3. Direitos autorais são considerados bens móveis pelo sistema jurídico brasileiro.

4. Contrato de Licença é o instrumento jurídico por meio do qual o titular de um direito de propriedade intelectual (patente ou direito autoral) concede, a outrem, o direito exclusivo ou não de usar referida propriedade intelectual, gratuitamente ou em troca de uma remuneração.

5. Qualquer cessão de direitos autorais, total ou parcial, corresponde necessariamente a uma cessão de bem móvel.

6. **Operações de licenciamento ou cessão de direito de uso de software, cessões parciais de direitos autorais que são, configuram cessão de bem móvel.**

7. **Licença de uso representa uma obrigação de dar (de ceder o uso da coisa), e não o de fazer.**

8. **Licença de uso de software não corresponde a uma prestação de serviços, que é a única possível materialidade da hipótese de incidência tributária do ISS.** (destacamos)

Os programas de computador são protegidos pela Lei federal nº 9.610/98[14], que disciplina a matéria relativa à Direitos Autorais, auxilia na definição da natureza do negócio jurídico de licenciamento de software, especialmente nos preceitos seguintes:

Art. 49. **Os direitos do autor poderão ser total ou parcialmente transferidos a terceiros,** por ele ou por seus sucessores, a título universal ou singular, **por meio de licenciamento,** concessão, **cessão** ou por outros meios admitidos em Direito, obedecidas as seguintes limitações:

I – a transmissão total compreende todos os direitos de autor, salvo os de natureza moral e os expressamente excluídos por lei;

II – somente se admitirá transmissão total e definitiva dos direitos mediante estipulação contratual escrita;

III – na hipótese de não haver estipulação contratual escrita, o prazo máximo será de cinco anos;

---

[14] Conforme: Lei nº 9.609, de 19 de fevereiro de 1998. Disponível em: http://www.planalto.gov.br/ccivil_03/leis/L9609.htm. Acesso em 16/05/16.

IV – a cessão será válida unicamente para o país em que se firmou o contrato, salvo estipulação em contrário;

V – a cessão só se operará para modalidades de utilização já existentes à data do contrato;

VI – não havendo especificações quanto à modalidade de utilização, o contrato será interpretado restritivamente, entendendo-se como limitada apenas a uma que seja aquela indispensável ao cumprimento da finalidade do contrato.

Art. 50. A cessão total ou parcial dos direitos do autor, que se fará sempre por escrito, presume-se onerosa. (grifamos)

A cessão significa, basicamente, a transferência negocial, a título gratuito ou oneroso, de um direito, de um dever, de uma ação ou de um complexo de direitos, deveres e bens, com conteúdo predominantemente obrigatório, de modo que o adquirente (cessionário) exerça posição jurídica idêntica à do antecessor[15].

A característica principal da "cessão" consiste na substituição dos titulares do direito, implicando na autorização para que exerça o licenciamento de um bem. Este negócio jurídico não significa nenhum "fazer" por parte do cessionário, em razão do que não presta nenhum tipo de serviço, mas apenas impõe-se a obrigação de ceder (dar).

2.2.2. Prestação de serviços *versus* cessão de um bem

A natureza do licenciamento de uso de software, de certo modo, pode assemelhar-se à locação de coisas (cessão de um bem a terceiros), em relação a isso, o Egrégio Supremo Tribunal Federal firmara diretriz concernente à não incidência do ISS, consubstanciada na Ementa seguinte:

"IMPOSTO SOBRE SERVIÇOS (ISS). LOCAÇÃO DE BENS MÓVEIS. É firme o entendimento do Supremo Tribunal Federal no sentido de que não incide Imposto sobre Serviços (ISS) sobre locação de bens móveis.

(...)

IMPOSTO SOBRE SERVIÇOS (ISS) – LOCAÇÃO DE VEÍCULO AUTOMOTOR – INADMISSIBILIDADE, EM TAL HIPÓTESE, DA INCIDÊNCIA DESSE TRIBUTO MUNICIPAL – DISTINÇÃO NECESSÁRIA ENTRE LOCAÇÃO DE BENS MÓVEIS (OBRIGAÇÃO DE DAR OU DE ENTRE-

---

[15] DINIZ, Maria Helena. Dicionário Jurídico. São Paulo. Editora Saraiva, 2007, p. 638

GAR) E PRETAÇÃO DE SERVIÇOS (OBRIGAÇÃO DE FAZER) – IMPOSSIBILIDADE DE A LEGISLAÇÃO TRIBUTÁRIA MUNICIPAL ALTERAR A DEFINIÇÃO E O ALCANCE DE CONCEITOS DE DIREITO PRIVADO (CTN, ART. 110). INCONSTITUCIONALIDADE DO ITEM 79 DA ANTIGA LISTA DE SERVIÇOS ANEXA AO DECRETO LEI Nº 406 – PRECEDENTES DO SUPREMO TRIBUNAL FEDERAL. RECURSO IMPROVIDO.

Não se revela tributável, mediante ISS, a locação de veículos automotores (que consubstancia obrigação de dar ou de entregar), eis que esse tributo municipal somente pode incidir sobre obrigações de fazer, a cuja matriz conceitual não se ajusta a figura contratual da locação de bens móveis.[16]

AGRAVO REGIMENTAL NO AGRAVO DE INSTRUMENTO. ISS. NÃO-INCIDÊNCIA. LOCAÇÃO DE BENS MÓVEIS.

O Plenário deste Tribunal firmou entendimento no sentido de que não incide o ISS sobre locação de bens móveis. Precedente: RE n. 116.121. Agravo regimental não provido. [17](grifamos)

TRIBUTO. FIGURINO CONSTITUCIONAL. A supremacia da Carta Federal é conducente a glosar-se a cobrança de tributo discrepante daqueles nela previstos. IMPOSTO SOBRE SERVIÇOS – CONTRATO DE LOCAÇÃO.

A terminologia constitucional do Imposto sobre Serviços revela o objeto da tributação. Conflita com a Lei Maior dispositivo que imponha o tributo considerado contrato de locação de bem móvel. Em Direito, os institutos, as expressões e os vocábulos têm sentido próprio, descabendo confundir a locação de serviços com as de móveis, práticas diversas regidas pelo Código Civil, cujas definições são de observância inafastável – artigo 110 do Código Tributário Nacional.[18]

IMPOSTO SOBRE SERVIÇO (ISS). LOCAÇÃO DE BENS MÓVEIS. É firme o entendimento do Supremo Tribunal Federal no sentido de que não

---

[16] Conforme: BRASIL. Supremo Tribunal Federal RE-AgR 446.003, Relator Min. Celso de Mello, Brasília, DF, 30 de maio de 2006. Disponível em: http://redir.stf.jus.br/paginadorpub/paginador.jsp?docTP=AC&docID=386791. Acesso em: 11 jun. 2016. p. 1.

[17] Conforme: BRASIL. Supremo Tribunal Federal AI-AgR 543.317, Relator Min. Eros Grau, Brasília, DF, 14 de fevereiro de 2006. Disponível em: http://www.stf.jus.br/portal/geral/verPdfPaginado.asp?id=323358&tipo=AC&descricao=Inteiro%20Teor%20AI%20/%20543317%20-%20AgR. Acesso em: 12 jun. 2016. p. 1.

[18] Conforme: BRASIL. Supremo Tribunal Federal RE 116.121, Relator: Min. Octavio Gallotti, Relator p/acórdão: Min. Marco Aurélio, Brasília, DF, 11 de outubro de 2000. Disponível em: http://redir.stf.jus.br/paginadorpub/paginador.jsp?docTP=AC&docID=206139. Acesso em: 12 jun. 2016. p. 1.

incide Imposto sobre Serviços (ISS) sobre locação de bens móveis. Aplicação do disposto no §1º-A do art. 557 do Código de Processo Civil, uma vez que a decisão recorrida está em confronto com a jurisprudência dominante do Supremo Tribunal Federal. Precedentes, Agravo Regimental a que se nega provimento[19].

A retro citada Lei do Software, não disciplina especificamente a natureza jurídica do licenciamento. Tal definição é de extrema importância, uma vez que, por determinação constitucional, o ISS apenas poderia incidir sobre o licenciamento do software, caso ele seja uma espécie de serviço, ainda que a Lei Complementar nº 116, de 2003, contemple aludido negócio jurídico no rol de atividades sujeitas ao imposto.

O próprio objetivo do negócio jurídico que envolve o licenciamento de software, por si, já afasta a possibilidade de enquadrá-lo como prestação de serviço, uma vez que não há qualquer obrigação de fazer envolvida. Não obstante, para que não pairem dúvidas sobre a impossibilidade do ISS incidir sobre a licença de uso de software, é necessário que se esclareça, então, qual é a natureza jurídica deste negócio.

Trazemos à tela, mais uma vez, a análise da Lei de Direitos Autorais (Lei Federal nº 9.610, de 19 de fevereiro de 1998), especialmente dos seus artigos 49 a 52, que auxiliou acima na definição da natureza do negócio jurídico de licenciamento de software sob à seara entre a obrigação de "dar" e de "fazer". Para a questão ora debatida, importa a análise dos artigos 49, IV, V e 50 da Lei 9.610/98, conforme abaixo transcrito, para analisarmos a diferença entre "fazer" e "ceder":

Art. 49. Os direitos de autor poderão ser total ou parcialmente transferidos a terceiros, por ele ou por seus sucessores, a título universal ou singular, pessoalmente ou por meio de representantes com poderes especiais, por meio de licenciamento, concessão, cessão ou por outros meios admitidos em Direito, obedecidas as seguintes limitações:

I – a transmissão total compreende todos os direitos de autor, salvo os de natureza moral e os expressamente excluídos por lei;

---

[19] Conforme: BRASIL. Supremo Tribunal Federal RE-AgR 465.143, Relator Min. Joaquim Barbosa, Brasília, DF, 24 de maio de 2006. Disponível em: http://redir.stf.jus.br/paginadorpub/paginador.jsp?docTP=AC&docID=406614. Acesso em: 12 jun. 2016. p. 1.

II – somente se admitirá transmissão total e definitiva dos direitos mediante estipulação contratual escrita;

III – na hipótese de não haver estipulação contratual escrita, o prazo máximo será de cinco anos;

IV – a cessão será válida unicamente para o país em que se firmou o contrato, salvo estipulação em contrário;

V – a cessão só se operará para modalidades de utilização já existentes à data do contrato;

VI – não havendo especificações quanto à modalidade de utilização, o contrato será interpretado restritivamente, entendendo-se como limitada apenas a uma que seja aquela indispensável ao cumprimento da finalidade do contrato.

Art. 50. A cessão total ou parcial dos direitos de autor, que se fará sempre por escrito, presume-se onerosa.

§ 1º Poderá a cessão ser averbada à margem do registro a que se refere o art. 19 desta Lei, ou, não estando a obra registrada, poderá o instrumento ser registrado em Cartório de Títulos e Documentos.

§ 2º Constarão do instrumento de cessão como elementos essenciais seu objeto e as condições de exercício do direito quanto a tempo, lugar e preço.

Art. 51. A cessão dos direitos de autor sobre obras futuras abrangerá, no máximo, o período de cinco anos.

Parágrafo único. O prazo será reduzido a cinco anos sempre que indeterminado ou superior, diminuindo-se, na devida proporção, o preço estipulado.

Art. 52. A omissão do nome do autor, ou de coautor, na divulgação da obra não presume o anonimato ou a cessão de seus direitos. (destaque nosso)

Constatamos que a interpretação literal dos artigos 49, IV, V e 50 da Lei 9.610/98 permite verificar que a real natureza jurídica definida por nossa legislação para o licenciamento do uso de software é a de cessão parcial, uma vez que a titularidade dos direitos autorais permanece com o autor. Dessa maneira, o conceito de cessão e licenciamento, no âmbito de aplicação da Lei dos Direitos Autorais, é utilizado com sentido idêntico.

Sendo assim, é importante explorar o conceito do termo cessão, pois, independente da forma tomada pela a cessão, em nenhuma será caracterizada a prestação de serviço, mas o objetivo de definir a natureza jurídica do licenciamento não estará completo enquanto não se verificar se esse modo jurídico tem a forma de venda, locação ou doação.

A partir do observado acima, o licenciamento de uso (cessão parcial) não pode ser considerado como venda, uma vez que não serve para transferir a propriedade do direito autoral, tampouco é doação, pois, além de não transferir a propriedade, é presumidamente oneroso.

Portanto, restaria o entendimento que o licenciamento do uso de software como espécie de cessão parcial assume a natureza jurídica de locação das coisas (bem intangível), negócio segundo o qual "uma das partes se obriga a ceder à outra, por tempo determinado ou não, o uso e gozo de coisa não fungível, mediante certa retribuição" (artigo 565 do Código Civil de 2002[20]).

3. Mudanças recentes
3.1. Quanto à jurisprudência

Um exemplo da constante mutação interpretativa tributária é a Solução de Consulta COSIT n° 123/14[21] da Coordenação-Geral de Tributação da Receita Federal do Brasil, quando até então, os conceitos de softwares, conforme explanado por Gonçalves[22], eram apenas dois: "software de prateleira" e "software cópia única" e, após o pronunciamento da COSIT, passaram a ser três: "software de prateleira", "software cópia única" (desenvolvido por encomenda) e "software adaptado" (customizado), conforme a seguir transcrito:

> Temos que os softwares dividem-se em três categorias: programas standard, que são desenvolvidos e postos à disposição de clientes indistintamente ("softwares de prateleira"); programas por encomenda, que são aqueles desenvolvidos especificamente para determinado cliente; e programas adaptados (customized), os quais constituem uma forma híbrida, ou seja, programas "standard" que permitem adaptação às necessidades de um cliente em particular.

---

[20] Conforme: Código Civil de 2002.. Disponível em: http://www.planalto.gov.br/ccivil_03/leis/2002/L10406compilada.htm.Acesso em 12 de jun. 2016.

[21] Conforme: BRASIL. Receita Federal do Brasil. Solução de Consulta. 123 COSIT. Coordenador-Geral da Cosit Fernando Mombelli, Brasília, DF, 28 de maio de 2014. Disponível em: http://www.receita.fazenda.gov.br/publico/Legislacao/SolucoesConsultaCosit/2014/SCCosit1232014.pdf. Acesso em 28 jun. 2015.

[22] GONÇALVES, Renato Lacerda de Lima. A Tributação do Software no Brasil. São Paulo: Quartier Latin, 2005. P. 67

COMPUTAÇÃO, COMÉRCIO ELETRÔNICO E PRESTAÇÃO DE SERVIÇOS DIGITAIS

Este pronunciamento causou grande impacto na tributação dos softwares customizados, que até então seguiam a tributação referente aos softwares desenvolvidos por encomenda, pois antigamente sofriam a incidência do ISS e passaram a ser tributados pelo ICMS pelos motivos expostos pela Solução de Consulta n° 123[23] em tela:

> Em relação às receitas decorrentes da comercialização de programas adaptados (customized), entende-se que as adaptações feitas no produto pronto para cada cliente, representam meros ajustes no programa, permitindo que o software (que já existia antes da relação jurídica) possa atender às necessidades daquele cliente. Tais adaptações não configuram verdadeira encomenda de um programa e, portanto, as respectivas receitas não são auferidas em decorrência da prestação de serviços. (...). No mesmo sentido, destaca-se que, caso os ajustes representem configuração do software ao hardware do cliente, a atividade mantém-se classificada como venda de mercadoria.

> Por outro lado, restando caracterizado que o software seja um sistema gerenciador de banco de dados e o ajuste e a adequação às necessidades do cliente representem o desenvolvimento de um banco de dados relacional (obrigação de fazer), a atividade deve ser classificada como prestação de serviço (obrigação de fazer), cujo percentual de presunção do lucro e da base de cálculo da CSLL é de 32%.

> O mesmo raciocínio até aqui utilizado aplica-se à atualização de software (upgrade). Deve-se verificar se a atividade classifica-se como venda de mercadoria (obrigação de dar) ou prestação de serviço (obrigação de fazer).

> Em suma, considera-se venda de mercadoria a entrega do objeto sem que se tenha de fazê-lo previamente, tal como ocorre com a comercialização do denominado "software de prateleira", mesmo que sejam necessários determinados ajustes, de modo a atender às necessidades do cliente. Já na prestação de serviço, o objeto da prestação é um ato do devedor com proveito patrimonial para o credor ou para terceiro, tal como ocorre no desenvolvimento do software de acordo com especificações fornecidas antecipadamente pelo cliente.

> Destaca-se que a interpretação acima exposta, fundada na distinção entre o chamado "software de prateleira" e o "software sob encomenda / customizável", encontra-se em consonância com a jurisprudência dos tribunais superiores, sendo relevante transcrever-se a ementa do seguinte aresto do Superior Tribunal de Justiça:

---

[23] Conforme: BRASIL. Receita Federal do Brasil. Solução de Consulta. 123 COSIT, op. cit., p.8.

108

"TRIBUTÁRIO – RECURSO ESPECIAL – PROGRAMAS DE COM-PUTADOR NÃO PERSONALIZADOS – DL 406/68 – NÃO-INCIDÊNCIA DO ISS.

1. Os programas de computador desenvolvidos para clientes, de forma personalizada, geram incidência de tributo do ISS.

2. Diferentemente, se o programa é criado e vendido de forma impessoal para clientes que o compram como uma mercadoria qualquer, esta venda é gravada com o ICMS.

3. Hipótese em que a empresa fabrica programas em larga escala para clientes.

4. Recurso especial não provido.

(REsp 1070404/SP, Rel. Ministra ELIANA CALMON, SEGUNDA TURMA, julgado em 26/08/2008, DJe 22/09/2008)" (g.n.)

Desse modo, se a interessada prestar serviço de desenvolvimento de "software" por encomenda de clientes, a receita bruta correspondente por ela auferida se sujeita à aplicação do percentual de 32% para a apuração da base de cálculo tanto do Imposto sobre a Renda como da Contribuição Social sobre o Lucro Líquido. Mas se, por outro lado, realizar o desenvolvimento de softwares destinados a serem vendidos no mercado ("softwares de prateleira") tais operações equiparam-se à venda mercantil, e, para efeito da apuração da base de cálculo do Imposto sobre a Renda e da Contribuição Social sobre o Lucro Líquido, as receitas brutas assim auferidas sujeitam-se à aplicação dos percentuais de 8% e 12%, respectivamente.

(...)

Conclusão

Ante o exposto, e com base nos atos legais citados, soluciono a consulta declarando que **ao vender "software de prateleira", ou standard, a consulente está praticando o comércio de mercadoria**, ficando a receita bruta correspondente sujeita ao percentual de 8% para a apuração da base de cálculo do Imposto sobre a Renda no caso de opção pelo lucro presumido. Para a apuração da base de cálculo da Contribuição Social sobre o Lucro Líquido, nessa hipótese, o percentual aplicável sobre a receita bruta é de 12%.

Se a interessada prestar serviço de desenvolvimento de software por encomenda de clientes, a receita bruta correspondente por ela auferida sujeita-se à aplicação do percentual de 32% para a apuração da base de cálculo tanto do Imposto sobre a Renda como da Contribuição Social sobre o Lucro Líquido. Caso a consulente desempenhe concomitantemente mais de uma atividade, o percentual de presunção correspondente, previsto na lei, deve ser aplicado sobre o valor da receita bruta auferida em cada atividade.

(grifamos)

3.2. Quanto à legislação

Outra mudança que causou grande impacto no mundo tributário do estado de São Paulo foi o Decreto nº 61.522, de 29 de setembro de 2015, que revogou o Decreto nº 51.619/07[24], o qual previa em seu artigo 1º:

> Artigo 1º – Na operação realizada com programa para computador ("software"), personalizado ou não, o ICMS será calculado sobre uma base de cálculo que corresponderá ao dobro do valor de mercado do seu suporte informático.

Adicionalmente ao Decreto nº 51.619/07, havia o Ofício GS Nº 88-2007[25], elaborado pelo então Secretário da Fazenda:

> Senhor Governador,
>
> Tenho a honra de encaminhar a Vossa Excelência a inclusa minuta de decreto que estabelece sistemática especial de tributação do ICMS nas operações realizadas com programa para computador ("software").
>
> Com fundamento no artigo 112 da Lei n° 6.374, de 1° março de 1989, que autoriza o Poder Executivo a **tomar providências fiscais que resguardem a competitividade da economia paulista**, a medida, nos termos propostos, considera como base de cálculo do ICMS incidente sobre a operação realizada com programa para computador ("software"), personalizado ou não, o valor equivalente a 200% (duzentos por cento) do suporte informático, o que atende à sugestão do setor, preocupado com o estabelecimento de critério objetivo na sua adoção. Contudo, ficam excluídas dessa sistemática de base de cálculo específica criada para programas de computador as operações com jogos eletrônicos de vídeo. Pretende-se, com a inclusão desse dispositivo no ordenamento jurídico, resguardar a competitividade da economia paulista diante de políticas tributárias implementadas por Estados vizinhos.

---

[24] Conforme: Decreto nº 51.619, de 27 de fevereiro de 2007. Disponível em: http://www.al.sp.gov.br/repositorio/legislacao/decreto/2007/decreto-51619-27.02.2007.html. Acesso em 16 jun. 2016.

[25] Conforme: Decreto nº 51.619, de 27 de fevereiro de 2007. op. cit.

A medida decorre da primeira etapa do trabalho e revisão do sistema tributário estadual, que está sendo analisado pela Comissão composta pelas Secretarias da Fazenda, do Desenvolvimento e da Economia e Planejamento, conforme dispõe a Resolução Conjunta n° 1, de 24 de janeiro de 2007, desses Órgãos, cujo objetivo é avaliar a implantação de política de desenvolvimento econômico e social do Estado de São Paulo. **Visa à ampliação de investimentos e à oferta de empregos** e observa o disposto na Lei Complementar n° 101, de 2000, conhecida como "Lei de Responsabilidade Fiscal", uma vez que se trata de norma que se encontrava vigente até 31 de janeiro de 2007 e, desse modo, já considerada para os efeitos da citada Lei Complementar.

Com essas justificativas e propondo a edição de decreto conforme a minuta, aproveito o ensejo para reiterar-lhe meus protestos de estima e alta consideração. (destaque nosso)

Pois bem, indo na contramão do ofício supracitado, foi elaborado o Ofício nº 771/2015[26], que trouxe a minuta do Decreto nº 61.522/15:

Senhor Governador,

Tenho a honra de encaminhar a Vossa Excelência a inclusa minuta de decreto, que revoga o Decreto nº 51.619, de 27 de fevereiro de 2007, o qual introduz cálculo específico da base de tributação do ICMS em operações com programas de computador.

A revogação proposta tem por objetivo adequar, a partir de 1º de janeiro de 2016, a tributação do ICMS incidente nas referidas operações à adotada em outras Unidades Federadas. Com a revogação, a base de cálculo nas operações com programas de computador passa a ser o valor da operação, que inclui o valor do programa, do suporte informático e outros valores que forem cobrados do adquirente.

Com essa justificativa e propondo a edição de decreto conforme a minuta, aproveito o ensejo para reiterar-lhe meus protestos de estima e alta consideração.

Tal Decreto e o respectivo ofício trouxeram transtorno ao cenário paulista, ao estabelecerem que o ICMS incidisse sobre o valor da operação com programas de computador, inclusive nas aquisições via download.

---

[26] Conforme: Decreto nº 61.522, de 29 de setembro de 2015. Disponível em: http://www.al.sp.gov.br/repositorio/legislacao/decreto/2015/decreto-61522-29.09.2015.html. Acesso em 16 jun. 2016.

4. Impactos no cenário legislativo e econômico

Com tais mudanças recentes, alguns problemas surgiram, como por exemplo, na tributação do download de softwares, uma vez que, diante das normas existentes, não temos balizamento claro para estabelecer: (i) sujeito ativo, (ii) sujeito passivo, (iii) momento da incidência (quando ocorre a saída?), (iv) local da ocorrência (onde ocorrerá a "saída"?) dentre outras dificuldades enfrentadas.

Diante da grande repercussão trazida pelas alterações legislativas, foram firmados os Convênios ICMS Nº 181, de 28 de dezembro de 2015 e Nº 106, de 29 de setembro de 2017. O Convênio 181/15 foi firmado por 19 Estados: Acre, Alagoas, Amapá, Amazonas, Bahia, Ceará, Goiás, Maranhão, Mato Grosso do Sul, Paraná, Paraíba, Pernambuco, Piauí, Rio de Janeiro, Rio Grande do Norte, Rio Grande do Sul, Santa Catarina, São Paulo e Tocantins, os estados signatários ficaram autorizados a conceder redução na base de cálculo do ICMS, de forma que a carga tributária corresponda ao percentual de, no mínimo, 5% (cinco por cento) do valor da operação, relativo às operações com softwares, programas, jogos eletrônicos, aplicativos, arquivos eletrônicos e congêneres, padronizados, ainda que sejam ou possam ser adaptados, disponibilizados por qualquer meio, inclusive nas operações efetuadas por meio da transferência eletrônica de dados.

O "benefício fiscal" previsto no Convênio será utilizado opcionalmente pelo contribuinte em substituição à sistemática normal de tributação, sendo vedada a apropriação de quaisquer outros créditos ou benefícios fiscais. No Convênio em tela, também há a remissão e anistia, quando os Estados são "autorizados" a não exigir, total ou parcialmente, os débitos de ICMS, lançados ou não, inclusive juros e multas, relacionados com as operações ocorridas até a data de início da vigência deste convênio (a não exigência não autoriza a restituição ou compensação de importâncias já pagas). Vejamos a íntegra do Convênio ICMS 181/2015[27]:

> Cláusula primeira Ficam os Estados do Acre, Alagoas, Amapá, Amazonas, Bahia, Ceará, Goiás, Maranhão, Mato Grosso do Sul, Paraná, Paraíba, Pernambuco, Piauí, Rio de Janeiro, Rio Grande do Norte, Rio Grande do Sul, Santa Catarina, São Paulo, Tocantins **autorizados a conceder redução na base de**

---

[27] BRASIL. Convênio ICMS 181, de 28 de dezembro de 2015. Disponível em: https://www.confaz.fazenda.gov.br/legislacao/convenios/2015/convenio-icms-181-15. Acesso em 16 jun. 2016.

cálculo do ICMS, de forma que a carga tributária corresponda ao percentual de, no mínimo, 5% (cinco por cento) do valor da operação, relativo às operações com softwares, programas, jogos eletrônicos, aplicativos, arquivos eletrônicos e congêneres, padronizados, ainda que sejam ou possam ser adaptados, disponibilizados por qualquer meio, inclusive nas operações efetuadas por meio da transferência eletrônica de dados.

Cláusula segunda O benefício previsto neste convênio será utilizado opcionalmente pelo contribuinte em substituição à sistemática normal de tributação, sendo vedada à apropriação de quaisquer outros créditos ou benefícios fiscais.

Cláusula terceira Ficam as unidades federadas referidas na cláusula primeira autorizadas a não exigir, total ou parcialmente, os débitos fiscais do ICMS, lançados ou não, inclusive juros e multas, relacionados com as operações previstas na cláusula primeira, ocorridas até a data de início da vigência deste convênio.

Parágrafo único. A não exigência de que trata esta cláusula:

I – não autoriza a restituição ou compensação de importâncias já pagas;

II – observará as condições estabelecidas na legislação estadual.

Cláusula quarta Este convênio entra em vigor na data da publicação de sua ratificação nacional, produzindo efeitos a partir de 1º de janeiro de 2016.

(grifo nosso)

O Convênio ICMS 106/17, busca dirimir os entendimentos diversos acerca do procedimentos de cobrança do ICMS incidente nas operações com bens e mercadorias digitais comercializadas por meio de transferência eletrônica de dados, disciplinando o contribuinte da operação bem como o responsável tributário. Dessa maneira, transcrevemos parte do Convênio citado[28]:

Cláusula primeira As operações com bens e mercadorias digitais, tais como softwares, programas, jogos eletrônicos, aplicativos, arquivos eletrônicos e congêneres, que sejam padronizados, ainda que tenham sido ou possam ser adaptados, comercializadas por meio de transferência eletrônica de dados observarão as disposições contidas neste convênio.

---

[28] BRASIL. Convênio ICMS 106, de 29 de setembro de 2017. Disponível em: https://www.confaz.fazenda.gov.br/legislacao/convenios/2017/CV106_17. Acesso em 21 out. 2017.

Cláusula segunda As operações com os bens e mercadorias digitais de que trata este convênio, comercializadas por meio de transferência eletrônica de dados anteriores à saída destinada ao consumidor final ficam isentas do ICMS.

Cláusula terceira O imposto será recolhido nas saídas internas e nas importações realizadas por meio de site ou de plataforma eletrônica que efetue a venda ou a disponibilização, ainda que por intermédio de pagamento periódico, de bens e mercadorias digitais mediante transferência eletrônica de dados, na unidade federada onde é domiciliado ou estabelecido o adquirente do bem ou mercadoria digital.

Cláusula quarta A pessoa jurídica detentora de site ou de plataforma eletrônica que realize a venda ou a disponibilização, ainda que por intermédio de pagamento periódico, de bens e mercadorias digitais mediante transferência eletrônica de dados, é o contribuinte da operação e deverá inscrever-se nas unidades federadas em que praticar as saídas internas ou de importação destinadas a consumidor final, sendo facultada, a critério de cada unidade federada:

(...)

Cláusula quinta Nas operações de que trata este convênio, as unidades federadas poderão atribuir a responsabilidade pelo recolhimento do imposto:

I – àquele que realizar a oferta, venda ou entrega do bem ou mercadoria digital ao consumidor, por meio de transferência eletrônica de dados, em razão de contrato firmado com o comercializador;

II – ao intermediador financeiro, inclusive a administradora de cartão de crédito ou de outro meio de pagamento;

III – ao adquirente do bem ou mercadoria digital, na hipótese de o contribuinte ou os responsáveis descritos nos incisos anteriores não serem inscritos na unidade federada de que trata a cláusula quarta;

IV – à administradora de cartão de crédito ou débito ou à intermediadora financeira responsável pelo câmbio, nas operações de importação.

O problema crucial enfrentado pelo convênio é de que Convênios não podem nem instituir novas hipóteses de ICMS nem convalidar decretos sem base em lei. Em face desse ponto, trazemos as funções dos convênios em matéria de ICMS, previstas pela Constituição Federal de 1988, Leis Complementares e o Código Tributário Nacional. Primeiramente, regulamentar a prestação de assistência para a fiscalização de tributos e permuta de informações, conforme previsto pelo artigo 199, do CTN:

Art. 199. A Fazenda Pública da União e as dos Estados, do Distrito Federal e dos Municípios prestar-se-ão mutuamente assistência para a fiscalização dos tributos respectivos e permuta de informações, na forma estabelecida, em caráter geral ou específico, por lei ou convênio.

Parágrafo único. A Fazenda Pública da União, na forma estabelecida em tratados, acordos ou convênios, poderá permutar informações com Estados estrangeiros no interesse da arrecadação e da fiscalização de tributos.

Outra função dos Convênios é delimitar hipóteses de concessões de isenções, benefícios e incentivos fiscais (artigo 155, § 2º, XII, "g" da CF/88), conforme elencado pela Lei Complementar nº 24, de 7 de janeiro de 1975:

Art. 1º – As isenções do imposto sobre operações relativas à circulação de mercadorias serão concedidas ou revogadas nos termos de convênios celebrados e ratificados pelos Estados e pelo Distrito Federal, segundo esta Lei.

Parágrafo único – O disposto neste artigo também se aplica:

I – à redução da base de cálculo;

II – à devolução total ou parcial, direta ou indireta, condicionada ou não, do tributo, ao contribuinte, a responsável ou a terceiros;

III – à concessão de créditos presumidos;

IV – à quaisquer outros incentivos ou favores fiscais ou financeiro-fiscais, concedidos com base no Imposto de Circulação de Mercadorias, dos quais resulte redução ou eliminação, direta ou indireta, do respectivo ônus;

V – às prorrogações e às extensões das isenções vigentes nesta data.

Art. 2º – Os convênios a que alude o art. 1º, serão celebrados em reuniões para as quais tenham sido convocados representantes de todos os Estados e do Distrito Federal, sob a presidência de representantes do Governo federal.

(...)

Art. 3º – Os convênios podem dispor que a aplicação de qualquer de suas cláusulas seja limitada a uma ou a algumas Unidades da Federação.

E como outra função, tratar de substituição tributária em operações interestaduais, de acordo com o artigo 9º, caput, da Lei Complementar 87/96:

"Art. 9º A adoção do regime de substituição tributária em operações interestaduais dependerá de acordo específico celebrado pelos Estados interessados."

COMPUTAÇÃO, COMÉRCIO ELETRÔNICO E PRESTAÇÃO DE SERVIÇOS DIGITAIS

Diante do supracitado, ratificamos o entendimento que o sistema tributário brasileiro não permite a utilização dos Convênios para qualquer outra situação, muito menos para a criação originária de nova hipótese de incidência tributária.

Acerca desse entendimento, trazemos o posicionamento do Supremo Tribunal Federal[29]:

> AÇÃO DIRETA DE INCONSTITUCIONALIDADE. (...). INCIDÊNCIA DO ICMS NA OPERAÇÃO DE COMBUSTÍVEIS. PARÁGRAFOS 10 E 11 DA CLÁUSULA VIGÉSIMA DO CONVÊNIO ICMS 110/2007, COM REDAÇÃO DADA PELO CONVÊNIO 101/2008 E, MEDIANTE ADITAMENTO, TAMBÉM COM A REDAÇÃO DADA PELO CONVÊNIO 136/2008. ESTORNO, NA FORMA DE RECOLHIMENTO, DO VALOR CORRESPONDENTE AO ICMS DIFERIDO. NATUREZA MERAMENTE CONTÁBIL DO CRÉDITO DO ICMS. O DIFERIMENTO DO LANÇAMENTO DO ICMS NÃO GERA DIREITO A CRÉDITO. ESTABELECIMENTO DE NOVA OBRIGAÇÃO TRIBUTÁRIA POR MEIO DE CONVÊNIO. VIOLAÇÃO DO DISPOSTO NOS ARTS. 145, § 1º; 150, INCISO I; E 155, § 2º, INCISO I E § 5º, DA CONSTITUIÇÃO FEDERAL. AÇÃO DIRETA JULGADA PROCEDENTE.
>
> (...)
>
> **VI – As matérias passíveis de tratamento via convênio são aquelas especificadas no § 4º do art. 155 da Constituição Federal. Portanto, não poderia o Convênio, a título de estorno, determinar novo recolhimento, inovando na ordem jurídica, transmudando a medida escritural – anulação de um crédito – em obrigação de pagar.**

Na esfera do Estado de São Paulo, trazemos decisão do Tribunal de Impostos e Taxas (TIT) que também indefere mudanças trazidas por Convênios que não são validadas por leis[30]:

> ICMS. Falta de recolhimento de imposto sobre a entrada de Álcool Etílico Anidro Combustível (AEAC) e Biodiesel B100 nas saídas interestaduais de

---

[29] Conforme: BRASIL. Supremo Tribunal Federal. ADI 4171. Relatora Ellen Gracie, rel. p/ ac.: Min. Ricardo Lewandowski, Brasília, DF, 20 de maio de 2015. Disponível em: http://redir.stf. jus.br/paginadorpub/paginador.jsp?docTP=TP&docID=9194087. Acesso em: 11 jun. 2016. p. 2.

[30] Conforme: SÃO PAULO. Tribunal de Impostos e Taxas. Recurso Ordinário 4054639. Relator Maurício Barros, São Paulo, SP, 17 de novembro de 2015. Disponível em: https://www. fazenda.sp.gov.br/VDTIT/ConsultarVotos.aspx?instancia=2. Acesso em: 11 jun. 2016.

Gasolina "C" e Óleo Diesel B, respectivamente. Declaração de inconstitucionalidade do Convênio ICMS 110/2007, Cláusula Vigésima Primeira, §§ 10 e 11. Modulação de efeitos. **Nova hipótese de incidência tributária não prevista na lei paulista ou na Lei Complementar 87/96.** Ofensa à não-cumulatividade (artigos 36 da Lei 6.374/89 e 19 da LC 87/96). **Ilegalidade da cobrança.**

(...)

(...) não encontro dispositivo expresso que imponha a incidência do ICMS no caso concreto objeto do AIIM, pois a exigência em análise foi instituída internamente via decreto, que incorporou dispositivos ao Regulamento do ICMS. Por se tratar de nova hipótese de incidência de ICMS no Estado, por mais que atentatória à CF/88, deveria ter sido amparada, no mínimo, em lei estadual, situação que vincularia este E. Tribunal à sua aplicação (da lei, não do decreto). Ante a ausência de lei (em sentido formal e material) que imponha tal recolhimento, sou forçado a entender que a autuação padece de ausência de fundamento legal.

O Convênio 181/15 foi implementado no Estado de São Paulo, através da publicação do Decreto nº 61.791, de 11 de janeiro de 2016[31]:

Artigo 1º – Ficam acrescentados os dispositivos adiante indicados ao Regulamento do Imposto sobre Operações Relativas à Circulação de Mercadorias e sobre Prestações de Serviços de Transporte Interestadual e Intermunicipal e de Comunicação – RICMS, aprovado pelo Decreto n° 45.490, de 30 de novembro de 2000, com a seguinte redação:

I – o artigo 37 às Disposições Transitórias:

"Artigo 37 (DDTT) – **Não será exigido o imposto em relação às operações com softwares, programas, aplicativos, arquivos eletrônicos, e jogos eletrônicos, padronizados, ainda que sejam ou possam ser adaptados, quando disponibilizados por meio de transferência eletrônica de dados (download ou streaming), até que fique definido o local de ocorrência do fato gerador para determinação do estabelecimento responsável pelo pagamento do imposto.**" (NR);

II – o artigo 73 ao Anexo II:

"Artigo 73 (SOFTWARES) – Fica reduzida a base de cálculo do imposto incidente nas operações com softwares, programas, aplicativos e arquivos

---

[31] Conforme: Decreto nº 61.791, de 11 de janeiro de 2016. Disponível em: http://www.al.sp.gov.br/repositorio/legislacao/decreto/2016/decreto-61791-11.01.2016.html. Acesso em 16 jun. 2016.

eletrônicos, padronizados, ainda que sejam ou possam ser adaptados, disponibilizados por qualquer meio, de forma que a carga tributária resulte no percentual de 5% (cinco por cento) (Convênio ICMS-181/15).

Parágrafo único – O disposto no "caput" não se aplica aos jogos eletrônicos, ainda que educativos, independentemente da natureza do seu suporte físico e do equipamento no qual sejam empregados." (NR).

Artigo 2º – Este decreto entra em vigor na data de sua publicação, produzindo efeitos a partir de 1º de janeiro de 2016.

O Decreto acima, emitido pela Fazenda do Estado de São Paulo, esclareceu de forma cirurgicamente precisa o questionamento do download de softwares acerca da tributação pelo ICMS, ao afastar a exigência do imposto estadual até que fique definido o local de ocorrência do fato gerador para determinação do estabelecimento responsável pelo pagamento do imposto, dúvida essa sanada pelo Convênio ICMS 106/17.

5. Conclusão

Diante de todo o exposto, verificamos que a legislação brasileira ainda carece de normas reguladoras relacionadas à tributação de programas de computador. Para o caso analisado, a criação de uma Lei Complementar amenizaria o conflito da matéria tributária entre os Estados e Municípios, pelos poderes à LC atribuídos pelo art. 146, da Constituição Federal de 1988.

Não obstante, restou cristalina a definição de prestação de serviço e também de mercadoria (bem corpóreo com finalidade mercantil), o que é essencial para concluir uma conclusão acerca do tema desse trabalho.

A natureza jurídica da operação com *softwares* pode ser referente à obrigação de "dar", transmitindo os direitos do programa de computador ou, à obrigação de "fazer", desenvolvendo o programa de computador para um determinado solicitante, ou apenas customizando-o.

Após o desenvolvimento desse trabalho, conclui-se que independentemente da natureza jurídica de transmissão de diretos autorais do software (parcial ou total) não há incidência do ICMS tampouco do ISS. O imposto Municipal sobre serviços incidir-se-á apenas sobre a prestação de serviço relativo ao desenvolvimento do programa de computador. Quando mencionamos a customização (adequação) do software, não há hipótese de incidência do ISS (sobre o software), pelo mesmo motivo exposto nas jurisprudências citadas nesse trabalho, que defende que as adaptações feitas no produto pronto para cada adquirente representam meros ajustes no programa, permitindo que o software (que já existia antes da relação jurídica) possa atender às necessidades daquele cliente.

Em que pese a conclusão auferida no trabalho, é salutar termos a consciência de que pela ausência de Leis balizadoras do tema, os entendimentos dos tribunais regionais e superiores podem ser alterados a mediada que surjam novas correntes doutrinárias e novas interpretações por parte dos contribuintes.

Referências

ATALIBA, Geraldo. **Hipótese de incidência tributária**. 6 ed, São Paulo: Malheiros, 2014. 210p.

BAPTISTA, Marcelo Caron. **ISS do Texto à Norma**. São Paulo: Quartier Latin, 2005. 704p.

BALEEIRO, Aliomar. **Limitações constitucionais ao poder de tributar**. 8 ed, Rio de Janeiro: Forense, 2010. 1414p.

BARRETO, Aires F. **Curso de Direito Tributário Municipal**. 2 ed. São Paulo: Editora Saraiva, 2012. 628p.

_____. **ISS na constituição e na lei**. 3 ed, São Paulo: Dialética, 2009. 446p.

BARROS, Rosa Maria Abreu. **Tributação do Comércio Eletrônico**. Belo Horizonte: C/ Arte, 2003. 102p.

BERGAMINI, Adolpho; GUIMARÃES, Adriana Esteves; PEIXOTO, Marcelo Magalhães (Org.). **O ICMS na história da jurisprudência do tribunal de impostos e taxas do estado de São Paulo**. São Paulo: MP editora, 2011. 480p.

BIFANO, Elidie Palma. **O negócio eletrônico e o Sistema Tributário Brasileiro**. São Paulo: Quartier Latin, 2004. 328p.

BOMTEMPO, Eugenio Pacceli De Morais. **E-Commerce, Tributaçao e Cultura**. Curitiba: Jurua, 2016. 400p.

BRASIL. Constituição da República Federativa do Brasil de 1988. Disponível em: http://www.planalto.gov.br/ccivil_03/constituicao/constituicaocompilado.htm.Acesso em 11 de jun. 2016.

_____. Convênio ICMS 106, de 29 de setembro de 2017. Disponível em: https://www.confaz.fazenda.gov.br/legislacao/convenios/2017/CV106_17. Acesso em 21 out. 2017.

_____. Convênio ICMS 181, de 28 de dezembro de 2015. Disponível em: https://www.confaz.fazenda.gov.br/legislacao/convenios/2015/convenio-icms-181-15.

_____. Decreto-Lei nº 406, de 31 de dezembro de 1968. Disponível em: http://www.planalto.gov.br/ccivil_03/Decreto-Lei/Del0406.htm#art13.Acesso em 11 de jun. 2016.

_____. Lei nº 9.609, de 19 de fevereiro de 1998. Disponível em: http://www.planalto.gov.br/ccivil_03/leis/l9609.htm. Acesso em 26 jun. 2015.

_____. Receita Federal do Brasil. Solução de Consulta. 123 COSIT. Coordenador-Geral da Cosit Fernando Mombelli, Brasília, DF, 28 de maio de 2014. Disponível em: http://

www.receita.fazenda.gov.br/publico/Legislacao/SolucoesConsultaCosit/2014/SCCosit1232014.pdf.

_____. Superior Tribunal de Justiça. Resp. 1.070.404. Relatora Eliana Calmon, Brasília, DF, 25 de agosto de 2008. Disponível em: https://ww2.stj.jus.br/processo/revista/documento/mediado/?componente=ITA&sequencial=811227&num_registro=200 801405510&data=20080922&formato=PDF.

_____. Supremo Tribunal Federal. RE. 199.464-9. Relator Ilmar Galvão, Brasília, DF, 02 de março de 1999. Disponível em: http://redir.stf.jus.br/paginadorpub/paginador.jsp?docTP=AC&docID=236681.

_____. Supremo Tribunal Federal. RE. 176.626-3. Relator Sepúlveda Pertence, Brasília, DF, 10 de novembro de 1998. Disponível em: http://redir.stf.jus.br/paginadorpub/paginador.jsp?docTP=AC&docID=222535.

_____. Supremo Tribunal Federal. ADIN 1.945. Relator Octavio Gallotti, Brasília, DF, 25 de maio de 2010. Disponível em: http://redir.stf.jus.br/paginadorpub/paginador.jsp?docTP=AC&docID=620411.

_____. Supremo Tribunal Federal. ADI 4171. Relatora Ellen Gracie, rel. p/ ac.: Min. Ricardo Lewandowski, Brasília, DF, 20 de maio de 2015. Disponível em: http://redir.stf.jus.br/paginadorpub/paginador.jsp?docTP=TP&docID=9194087

_____. Supremo Tribunal Federal RE-AgR 446.003, Relator Min. Celso de Mello, Brasília, DF, 30 de maio de 2006. Disponível em: http://redir.stf.jus.br/paginadorpub/paginador.jsp?docTP=AC&docID=386791.

_____. Supremo Tribunal Federal AI-AgR 543.317, Relator Min. Eros Grau, Brasília, DF, 14 de fevereiro de 2006. Disponível em: http://www.stf.jus.br/portal/geral/verPdfPaginado.asp?id=323358&tipo=AC&descricao=Inteiro%20Teor%20AI%20/%20 543317%20-%20AgR.

CAMPILONGO, Paulo Antônio Fernandes (Coord.). **ICMS**: aspectos jurídicos relevantes. São Paulo: Quartier Latin, 2008. 294p.

CARRAZZA, Elizabeth Nazar. **ICMS** – Questões atuais. São Paulo: Quartier Latin, 2007. 352p.

CARRAZZA, Roque Antonio. **ICMS**. 17 edição. São Paulo: Malheiros, 2015. 798p.

_____. **Curso de Direito Constitucional Tributário**. 30 ed. São Paulo: Malheiros Editores, 2015. 1296p.

CARVALHO, André Castro. **Tributação de bens digitais**: interpretação do art. 150, VI, d, da Constituição Federal. São Paulo: MP, 2009. 160p.

CARVALHO, Paulo de Barros. **Direito Tributário, fundamentos jurídicos da incidência**. 10 ed, São Paulo: Saraiva, 2015. 359p.

CASSONE, Vittorio. **Interpretação no Direito Tributário** – Teoria e Prática. São Paulo: Atlas, 2004. 496p.

COSTA, Aléxia Maria de Aragão da; ADIERS, Cláudia Marins; LINS, Bruna Rego; MONIZ, Pedro de Paranaguá. **Aspectos polêmicos da propriedade intelectual**. Rio de Janeiro: Lumen Juris, 2004. 204p.

COURINHA, Gustavo Lopes. **A cláusula geral anti-abuso no direito tributário**. São Paulo: Almedina, 2004. 225p.

DINIZ, Maria Helena. **Código Civil anotado**.16 ed, São Paulo. Editora Saraiva, 2007.

_____. **Dicionário Jurídico**. São Paulo. Editora Saraiva, 2012. 1456p.

FALCÃO, Amilcar de Araújo. **Fato gerador da obrigação tributaria.** 7 ed, São Paulo: 2013. 139p.

GONÇALVES, Renato Lacerda de Lima. **"ISS sobre o Licenciamento ou Cessão de Direito de Uso de Programa de Computação".** O ISS na Lei Complementar nº 116/2003. Coordenador Rodrigo Brunelli Machado, Quartier Latin, São Paulo, 2004

_____. **A Tributação do Software no Brasil.** São Paulo: Quartier Latin, 2005. 192p.

HARADA, Kiyoshi. **ISS:** doutrina e prática. 2 ed, São Paulo: Atlas, 2014. 384p.

MACHADO, Hugo de Brito. **Comentários ao Código Tributário Nacional** (Volume I). 3ed, São Paulo: Atlas, 2015. 864p.

_____. **Teoria geral do direito tributário.** São Paulo: Malheiros, 2015. 430p.

MARTINS, Ives Gandra da Silva. **O princípio da moralidade no direito tributário.** 2 ed, São Paulo: Revista dos Tribunais, 1998. 286p.

_____. **Princípio da eficiência em matéria tributária.** São Paulo: Revista dos Tribunais, 2006. 320p.

_____. **Tributação na Internet.** São Paulo: Revista dos Tribunais, 2011. 426p.

_____; BRITO, Edvaldo (Org.). **Doutrinas essenciais:** Direito Tributário: impostos estaduais. São Paulo: Revista dos Tribunais, 2011. 10000p.

_____; PEIXOTO, Marcelo Magalhães (Coord.). **ISS LC 116/2003:** à luz da doutrina e da jurisprudência. 2 ed, São Paulo: MP, 2008. 582p.

MELO, Fábio Soares de; PEIXOTO, Marcelo Magalhães. **ICMS:** questões fundamentais. São Paulo: MP, 2007. 326p.

MELO, José Eduardo Soares de. **Curso de Direito Tributário.** 10 ed, São Paulo: Editora Dialética, 2012.

_____. **ISS: aspectos teóricos e práticos.** 5 ed, São Paulo: Dialética, 2008. 239p.

_____. **ICMS** – Teoria e Prática. 12 ed, São Paulo: Editora Dialética, 2012. 559p.

MOREIRA, André Mendes; RABELO FILHO, Antônio Reinaldo; CORREIA, Armênio Lopes. **Direito das telecomunicações e tributação.** São Paulo: Quartier Latin, 2006. 446p.

MUNIZ, Veyzon Campos. **Direito fundamental a uma tributação sustentável.** Porto Alegre: Luminária, 2016. 156p.

PAESANI, Liliana Minardi, **Direito de Informática:** comercialização e desenvolvimento internacional do software. 10ª ed. São Paulo: Atlas, 2015. 152p.

PAULSEN, Leandro. **Direito Tributário.** Constituição e Código Tributário à Luz da Doutrina e da Jurisprudência. 17 ed, Porto Alegre: Livraria do Advogado, 2015. 1456p.

_____; MELO, José Eduardo Soares de. **Impostos federais, estaduais e municipais.** 10 ed, Porto Alegre: Livraria do Advogado, 2016. 496p.

PERES, Adriana Manni; MARIANO, Paulo Antônio. **ICMS e IPI no dia a dia das empresas:** teoria e prática. 5 ed, São Paulo: IOB, 2010. 1116p.

PICCOLI, Karin Rose Mussi Botelho. **ICMS sobre o comercio eletrônico** – as polêmicas geradas pela EC 87/2015. São Paulo: IOB, 2015. 148p.

SÃO PAULO. Decreto nº 61.522, de 29 de setembro de 2015. Disponível em: http://www.al.sp.gov.br/repositorio/legislacao/decreto/2015/decreto-61522-29.09.2015.html.

_____. Decreto nº 61.791, de 11 de janeiro de 2016. Disponível em: http://www.al.sp.gov.br/repositorio/legislacao/decreto/2016/decreto-61791-11.01.2016.html.

COMPUTAÇÃO, COMÉRCIO ELETRÔNICO E PRESTAÇÃO DE SERVIÇOS DIGITAIS

_____. Tribunal de Impostos e Taxas. Recurso Ordinário 4054639. Relator Maurício Barros, São Paulo, SP, 17 de novembro de 2015. Disponível em: https://www.fazenda.sp.gov.br/VDTIT/ConsultarVotos.aspx?instancia=2.

WALD, Arnoldo (Org.). **Doutrinas essenciais**: Direito Empresarial: índices. São Paulo: Revista dos Tribunais, 2010. 9808p.

SOBRE OS AUTORES

Alice Marinho Corrêa da Silva

Bacharel em Direito (2013) pela Pontifícia Universidade Católica de São Paulo, e especialista em Direito Tributário pelo Insper – Instituto de Ensino e Pesquisa (2017). Advogada associada do escritório Pinheiro Neto Advogados na área de Direito Tributário.

Mariana Quintanilha de Almeida

Bacharel em Direito (2012) pela Pontifícia Universidade Católica de São Paulo (PUC-SP). Especialização lato senso em Direito Tributário pelo Instituto de Ensino e Pesquisa – Insper (2016). Advogada em São Paulo, autuando com ênfase no Direito Tributário.

Vitor Teixeira Pereira Martins

Bacharel em Direito (2006) pela Universidade Paulista, Bacharel em Ciências Contábeis (2010) pela Trevisan Escola de Negócios e especialista em Direito Tributário, *LL.M.*, pelo Instituto de Ensino e Pesquisa – Insper. Atua na área empresarial, com ênfase no Direito Tributário e Societário, onde foi consultor tributário na PwC (PricewaterhouseCoopers) entre 2007 e 2012, posteriormente atuou como gerente tributário para América Latina na EMC Computer (atual Dell EMC) entre 2012 e 2015 e, desde 2015, é gerente tributário na Nike do Brasil.

ÍNDICE

ASPECTOS RELEVANTES DA TRIBUTAÇÃO DE BENS DIGITAIS   15

A TRIBUTAÇÃO DE COMPUTAÇÃO EM NUVEM E STREAMING À LUZ DA LEGISLAÇÃO DO IMPOSTO SOBRE SERVIÇOS E DO IMPOSTO SOBRE CIRCULAÇÃO DE MERCADORIAS E PRESTAÇÃO DE SERVIÇOS DE TRANSPORTE INTERESTADUAL E INTERMUNI-CIPAL E SERVIÇOS DE COMUNICAÇÃO   57

TRIBUTAÇÃO DE SOFTWARES NO BRASIL: INCIDÊNCIA DO ISS E ICMS EM TRANSAÇÕES LOCAIS   89